墨香财经学术文库
"十二五"辽宁省重点图书出版规划项目

U0674667

董事会子群体在决策中的作用

董事会群体断裂带对企业并购行为的影响

The Role of Subgroups of Board on Decision-making of Board

The Influence of Board Faultline on Corporate M&A

张　章　陈仕华　著

东北财经大学出版社
Dongbei University of Finance & Economics Press
大连

图书在版编目（CIP）数据

董事会子群体在决策中的作用：董事会群体断裂带对企业并购行为的影响／张章，陈仕华著．—大连：东北财经大学出版社，2023.9
（墨香财经学术文库）
ISBN 978-7-5654-4938-3

Ⅰ．董…　Ⅱ．①张…②陈…　Ⅲ．上市公司－董事会－影响－企业兼并－研究　Ⅳ．F271.4

中国国家版本馆CIP数据核字〔2023〕第159859号

东北财经大学出版社出版发行

大连市黑石礁尖山街217号　邮政编码　116025

网　　址：http：//www.dufep.cn

读者信箱：dufep @ dufe.edu.cn

大连永盛印业有限公司印刷

幅面尺寸：170mm×240mm　字数：188千字　印张：13.5　插页：1
2023年9月第1版　　　　　2023年9月第1次印刷
责任编辑：田玉海　孟　鑫　责任校对：吴　茜
封面设计：原　皓　　　　　版式设计：原　皓
定价：68.00元

本书得到国家自然科学基金面上项目"企业并购依赖：知识依赖还是成长压力？（批准号：72072025）"的资助，特此感谢！

前 言

　　并购作为企业在短时间内快速扩大规模实现成长的一种方式，在实践中越来越为广大企业所采用。我国自20世纪80年代起开始出现企业并购，近年来并购数量与并购规模均有大幅度增长。虽然越来越多的企业为推动企业发展、促进绩效提升而发起并购，但是结果往往难以尽如人意。据统计，半数以上甚至三分之二的并购都以失败告终。学者研究指出，并购是涉及技术、市场、金融、法律等多个专业领域，包含发掘并购机会、寻找并购目标、制定并购价格、并购后整合等多个环节的复杂过程，企业缺失某一专业技能或是在任一环节出现问题都可能导致企业并购失败。

　　董事会作为决策者和参与者在并购中发挥着重要作用。现有研究已经考察了董事会结构性特征、董事会成员人口统计特征以及董事会社会网络特征等对企业并购的影响。随着公司治理的不断完善，多样性已经成为董事会的普遍特征，而且多样化董事会中因为成员特征属性的不同会出现不同的子群体，学者将这一在群体中划分子群体的假想线定义为群体断裂带。根据子群体划分标准的不同，群体断裂带可以分为关系型群体断裂带与任务型群体断裂带。不同类型的群体断裂带在群体决策过程中发挥着不同的作用，因此本书从董事会群体断裂带的视角考察董事会在企业并购中的作用。具体而言，本书考察董事会关系型群体断裂带与任务型群体断裂带对企业并购战略决策、并购溢价以及并购绩效的影响。同时，为了进一步深入剖析董事会群体断裂带在并购中的作用机制，本书考察了在不同的董事会任期和行业竞争程度下董事会群体断裂带对企业并购影响的差异。

本书以社会认同理论、分类-加工理论为基础考察董事会中不同类型的群体断裂带如何通过群际偏见影响董事会在并购决策中的信息加工，最终影响企业并购战略选择、并购溢价以及并购绩效。此外，本书以群际接触理论为基础进一步考察董事会任期和行业竞争程度在董事会群体断裂带与企业并购决策和结果关系中的调节作用。本书以2008—2019年沪深A股上市公司为样本对本书假设进行实证研究，最终得出如下结论：第一，董事会关系型群体断裂带强度与企业并购战略选择呈负相关关系，董事会任期和行业竞争程度对这一关系有着负向调节作用；董事会任务型群体断裂带强度与企业并购战略选择呈正相关关系，董事会任期对这一关系有着负向调节作用，行业竞争程度对这一关系有着正向调节作用。第二，董事会关系型群体断裂带强度与企业并购溢价呈正相关关系，董事会任期和行业竞争程度对这一关系有着负向调节作用；董事会任务型群体断裂带强度与企业并购溢价呈负相关关系，董事会任期对这一关系有着负向调节作用，行业竞争程度对这一关系有着正向调节作用。第三，董事会关系型群体断裂带强度与企业并购绩效呈负相关关系，董事会任期和行业竞争程度对这一关系有着负向调节作用；董事会任务型群体断裂带强度与企业并购绩效呈正相关关系，董事会任期对这一关系有着负向调节作用，行业竞争程度对这一关系有着正向调节作用。

与以往研究相比，本书研究的创新之处主要体现在以下几个方面：第一，现有研究主要关注董事会信息资源的来源却忽视了董事会运用信息资源的具体机制，从而导致其无法解释拥有同样信息优势的董事会为何在决策结果上存在差异。本书在承认信息资源对董事会决策重要性的基础上进一步考察了董事会如何对所掌握的信息进行加工，创新性地运用群体断裂带的概念深入探索群体决策的"黑箱"。第二，本书将分类-加工理论与群际接触理论相结合，考察不同情境下董事会关系型群体断裂带和任务型群体断裂带对企业并购行为和结果的影响。本书通过群际接触理论论证了以分类-加工理论为依据建立的董事会群体断裂带作用机制，从新的理论视角对群体断裂带的作用机制进行了更加细致深入的讨论。第三，现有关于董事会对企业并购影响的研究主要从代理理论、高阶理论、社会网络理论视角展开，但是这些研究忽视了董事会的群体属性特征也是影响企业并购的重要因素。本书从群体层面出发考察董事会子群体结构对其并购决策的影响，丰富了企业并购中关于董事会作用机制的相关研究。

在本书付梓之际，我首先要感谢我的导师陈仕华教授。回首硕博7年求学生涯，陈教授对我倾注了诸多心血，他对学术的热忱追求以及严谨的治学之道不仅为我开启了学术大门，更是我一生学习的榜样。其次，我要感谢同门师兄师姐和师弟师妹对我的支持与鼓励，感谢叶彦博士、张瑞彬博士、蔡婉莹博士、韩旭博士、陈雨林博士、许立利博士，感谢他们与我一起成长、共同进步。再次，感谢我成长道路上的朋友们，感谢一路走来他们陪伴我、治愈我、温暖我。最后，谨以此书献给我的父母，感谢父母竭尽所能给我最好的教育，感谢他们对我毫无保留地付出与支持，感谢他们给予我爱与力量，正是父母的关爱与期望，让我坚持不懈努力登高，成为更好的自己。

由于作者水平有限，时间仓促，书中难免有疏漏和不妥指出，恳请同行专家和读者批评指正！

张　章

2023年4月于太原

目录

1 绪论／1

   1.1 研究背景与问题提出／1

   1.2 研究内容与研究方法／5

   1.3 研究意义／9

   1.4 创新点／12

2 文献综述／15

   2.1 关于群体断裂带的研究综述／15

   2.2 关于企业并购的研究综述／26

   2.3 文献述评／35

3 理论基础与理论分析／37

   3.1 理论基础／37

   3.2 理论分析／45

4 董事会群体断裂带与企业并购战略选择 / 50

    4.1 研究假设 / 50

    4.2 研究设计 / 57

    4.3 实证结果与分析 / 64

    4.4 本章小结 / 87

5 董事会群体断裂带与企业并购溢价 / 89

    5.1 研究假设 / 89

    5.2 研究设计 / 95

    5.3 实证结果与分析 / 101

    5.4 本章小结 / 121

6 董事会群体断裂带与企业并购绩效 / 122

    6.1 研究假设 / 122

    6.2 研究设计 / 126

    6.3 实证结果与分析 / 133

    6.4 本章小结 / 174

7 研究结论与展望 / 176

    7.1 研究结论 / 176

    7.2 政策建议 / 179

    7.3 研究局限与未来展望 / 180

参考文献 / 182

索引 / 206

1 绪论

1.1 研究背景与问题提出

1.1.1 现实背景

自工业革命以来，生产力的发展推动了资本的聚集，企业的生产规模也日益扩大，越来越多的企业从更大的规模中获利（Franks，Harris，Titman，1991），因此规模的扩张逐渐成为企业追求的目标。并购是将两家或两家以上的独立企业合并成一家企业的过程，可以帮助企业在相对较短的时间内扩大规模（Kim，Haleblian，Finkelstein，2011）。学者研究发现，在近一百年以来全球已经发生过多次并购浪潮（Kashyap，1999；Barkoulas等，2001）。企业并购逐渐从简单的横向并购、纵向并购发展为复杂的混合并购、跨国并购，并购活动也从最初的制造业发展到服务业、金融业、高新技术产业等。随着经济的发展，全球并购不仅在数量上激增，并购的规模也逐渐扩大。据统计，2018年全球已宣布并购交易的总额达到 3.55 万亿美元，同比增长 6.3%。

我国的企业并购始于 20 世纪 80 年代，随着市场经济与法律制度的不断完善，企业并购的外部环境越来越健全，因此为了提升自身实力保持竞争优势，越来越多的企业将并购作为重要的扩张战略（张秋生，周林，2003）。经过数十年发展，我国企业并购的数量不断增加，规模不断扩大。前瞻产业研究院的统计数据显示，2013—2018 年我国每年宣布的并购案例数量均超过 4 500 起，并购交易金额均超过 3 500 亿美元（如图 1-1 所示）。虽然受到宏观经济下行的影响，我国并购交易在 2015年达到峰值之后有所回落，但是我国依然是全球第二大并购投资地。

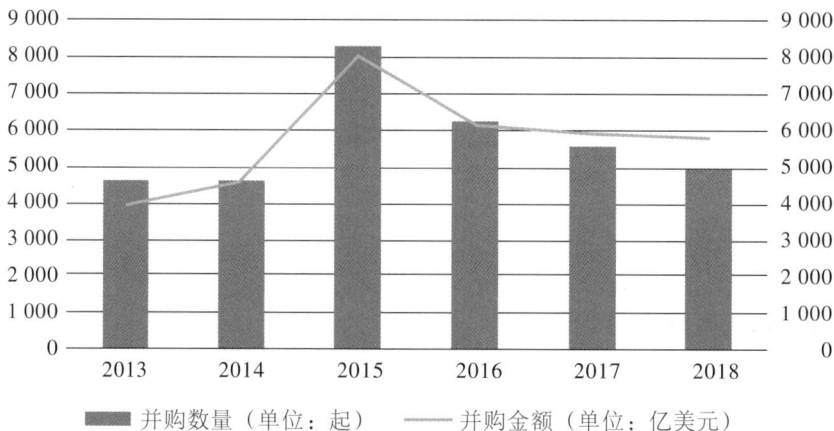

图 1-1　2013—2018 年中国并购市场宣布并购案例数量及金额统计情况

资料来源：前瞻产业研究院统计。

虽然很多企业将并购作为推动发展、促进绩效提升的重要方式，但是并购本身是一项涉及会计、金融、法律等多个专业领域的复杂过程。并购的复杂性导致企业在具体实施过程中会遇到很多问题，有些并购可能需要经过数年的时间才能够完成，甚至有些并购历经数年仍然无法顺利完成。前瞻产业研究院的统计数据显示，2013—2018 年我国并购市场完成并购案例数量最多的一年是 2015 年，完成数量仅 4 416 起（如图 1-2 所示），与宣布并购案例数量相差甚远。学者研究指出，就并购结果而言，半数以上甚至三分之二的并购都是失败的（Papadakis, Thanos, 2010；周小春，李善民，2008）。因此我们需要考虑的问题是：

为什么在并购难以实现提高绩效的目标的情况下，企业仍然热衷于进行并购？对于要进行并购的企业来讲，如何才能提高并购的效率，真正实现通过并购为企业带来更大的收益？本书以此作为出发点展开后续研究。

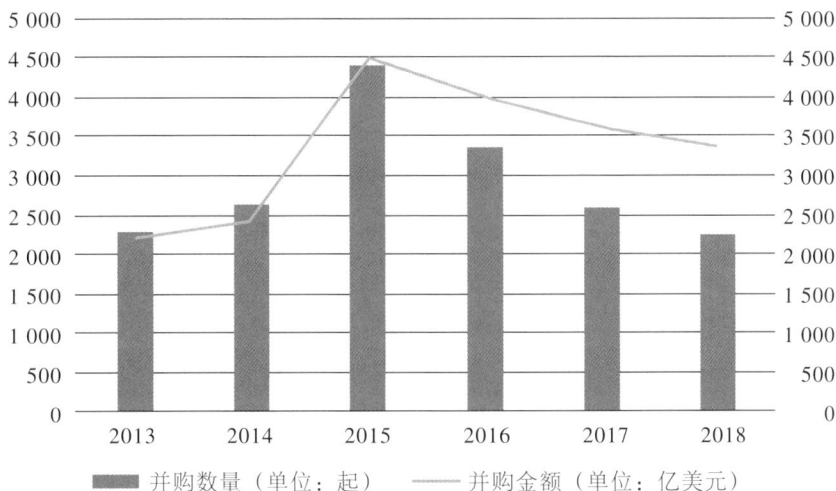

图1-2　2013—2018年中国并购市场完成并购案例数量及金额统计情况

资料来源：前瞻产业研究院统计。

1.1.2　理论背景

随着并购活动的日渐兴起与发展，学术界对并购进行了大量研究并且取得了丰富的研究成果，其中，董事会与企业并购是重要的研究主题。董事会作为企业运营的重要决策者需要直接参与并购决策的制定与实施，因此董事会在企业并购中发挥着重要的作用（Devers等，2020）。已有研究主要从三个角度考察董事会对并购的影响：第一，已有研究考察了董事会的正式结构特征对企业并购的影响。这些研究认为由于所有权与经营权的分离，管理者存在违背股东利益最大化的原则而追求私人利益的动机，董事会作为股东代表参与企业经营、监督管理者行为，董事会的结构对企业的并购战略有着重要的影响（Kim，Mauldin，Patro，2014）。因此学者考察了董事会规模（Ben-Amar，Andr，2006；Faleye，2011）、董事会外部董事比例（Harris，Shimizu，2004；Bauguess，

Stegemoller，2008）、董事长与CEO的两职合一（Cosh，Guest，Hughes，2006；Masulis，Wang，Xie，2006）等因素对企业并购决策、并购绩效等的影响。

第二，自从Hambrick和Mason（1984）提出高阶理论以来，学者们对以董事会成员的人口统计特征以及经历经验为代表的董事会成员的认知风格和价值观与企业并购决策的关系进行了大量的研究。学者们考察了董事会成员的性别、教育背景等特征在企业并购中的作用，研究发现，董事会成员在这些特征上的差异对并购决策、并购绩效等有着不同的影响（Levi，Li，Zhang，2014；Huang，Kisgen，2012；Chen，Crossland，Huang，2016）。随着高阶理论的发展，学者们将多个不同特征综合起来考察了董事会成员的多样性对企业并购的影响（Nguyen，2014；李维安，刘振杰，顾亮，2014）。

第三，社会网络理论指出董事会成员的社会网络是企业获取信息与资源的重要渠道，学者们以此为基础考察董事会的社会网络关系对并购的影响。Haunschild和Beckman（1998）、陈仕华、姜广省和卢昌崇（2013）借鉴组织模仿理论研究发现通过董事会成员联结起来的企业之间在并购交易中存在相互模仿的现象，联结企业在并购目标、并购类型、并购频率等方面有着很大的相似性。学者们进一步研究发现董事会的网络联结对并购绩效与并购溢价有着重要的影响（陈仕华，卢昌崇，2013；Schonlau，Singh，2009；Cai，Sevilir，2012），而且这种影响会随着董事在社会网络中的位置不同而有所不同（Schonlau，Singh，2009；万良勇，胡璟，2014）。

现有关于董事会对企业并购影响的研究忽视了董事会非正式结构的作用。近年来，学者们考察了董事会成员多样性的作用，例如，Chen，Crossland和Huang（2016）研究发现董事会中的性别多样性会增加企业发起并购的可能性。但是关于多样性的研究无法得出一致性的结论，因此学者们在此基础上提出了"群体断裂带"的概念考察群体多样性对群体决策和产出的影响（Lau，Murnighan，1998；Meister等，2019）。群体断裂带依据某个或某几个特征将群体划分为若干个子群体的假想线，本书以此为基础考察董事会中的群体断裂带对企业决策的影响。

1.1.3 研究问题

虽然现有研究已经考察了董事会的正式结构、成员特征、社会网络在企业并购中的重要的作用，但是董事会作为一个决策群体，其群体层面的特征，尤其是董事会群体层面特征对企业并购的影响却没有得到足够的重视。Lau 和 Murnighan（1998）提出的"群体断裂带"的概念描述了群体内部由群体成员多重特征共同作用产生的子群体划分。

董事会群体断裂带代表了董事会正式结构、成员特征、社会网络等不同的属性，它直接反映了董事会内部的分化，将董事会整体划分为若干子群体，这必然会影响董事会的行为与决策（Tuggle，Schnatterly，Johnsond，2010）。因此本书以现有关于群体断裂带以及企业并购的相关研究为基础，将董事会群体断裂带分为关系型群体断裂带与任务型群体断裂带，对两种不同的董事会群体断裂带与企业并购的关系进行理论与实证研究，以期从新的理论视角剖析董事会如何进行并购决策。具体而言本书考察如下问题：第一，董事会关系型群体断裂带和任务型群体断裂带是否会影响企业的并购战略选择？第二，董事会关系型群体断裂带和任务型群体断裂带如何影响企业的并购绩效？第三，董事会关系型群体断裂带和任务型群体断裂带如何影响并购中的定价决策即不同类型的董事会群体断裂带如何影响并购溢价？

为了更加深入地剖析董事会群体断裂带的作用机制，本书结合现有研究进一步考察了在不同的董事会任期以及行业竞争程度下董事会关系型群体断裂带与任务型群体断裂带对企业并购行为和并购结果的影响。

1.2 研究内容与研究方法

1.2.1 研究内容

第1章，绪论。本章对本书的研究背景与研究问题、研究意义、研究内容与研究方法以及研究创新点进行阐述。

第2章，文献综述。本章对群体断裂带以及企业并购的相关研究进行整理与评述，为后续章节的理论分析、假设推理与实证研究奠定基础。

第3章，理论基础与理论分析。本章首先对群体断裂带的相关理论基础进行介绍与论述，具体包括社会认同理论、分类-加工理论、群际接触理论；然后结合上述理论分析了群体断裂带在群体决策中的作用。本章对相关理论的论述为后文考察本书主题董事会群体断裂带对企业并购影响提供了坚实的理论基础与支撑。

第4章，董事会群体断裂带与企业并购战略选择。本章首先以社会认同理论以及分类-加工理论为基础考察董事会群体断裂带（包括关系型群体断裂带与任务型群体断裂带）对企业并购战略选择的影响，提出本章研究假设。其次本章以群际接触理论为基础考察了董事会任期与行业竞争程度对董事会群体断裂带与企业并购战略选择关系的调节作用。最后本章以2008—2019年沪深A股上市公司为样本运用实证分析方法对研究假设进行检验，并且通过一系列方法进行稳健性检验以保证本章实证结果的稳健性。

第5章，董事会群体断裂带与企业并购溢价。首先，本章考察了董事会关系型群体断裂带与任务型群体断裂带对企业并购溢价的影响，提出本章研究假设。其次，本章考察了董事会任期与行业竞争程度对董事会群体断裂带与企业并购溢价关系的调节作用。最后，本章以2008—2019年沪深A股上市公司为样本运用实证分析方法对研究假设进行检验，并且通过一系列方法进行稳健性检验以保证本章实证结果的稳健性。

第6章，董事会群体断裂带与企业并购绩效。首先，本章考察了董事会关系型群体断裂带与任务型群体断裂带对企业并购绩效的影响，提出本章研究假设。其次，本章考察了董事会任期与行业竞争程度对董事会群体断裂带与企业并购绩效关系的调节作用。最后，本章以2008—2019年沪深A股上市公司为样本运用实证分析方法对研究假设进行检验，并且通过一系列方法进行稳健性检验以保证本章实证结果的稳健性。

第7章，研究结论与展望。本章首先对本研究的主要结论进行归纳

总结，其次根据本书研究结论对企业实践提出政策建议，最后探讨本书
研究的不足与缺陷，并且在此基础上提出未来研究的方向。

本书的结构框架如图1-3所示。

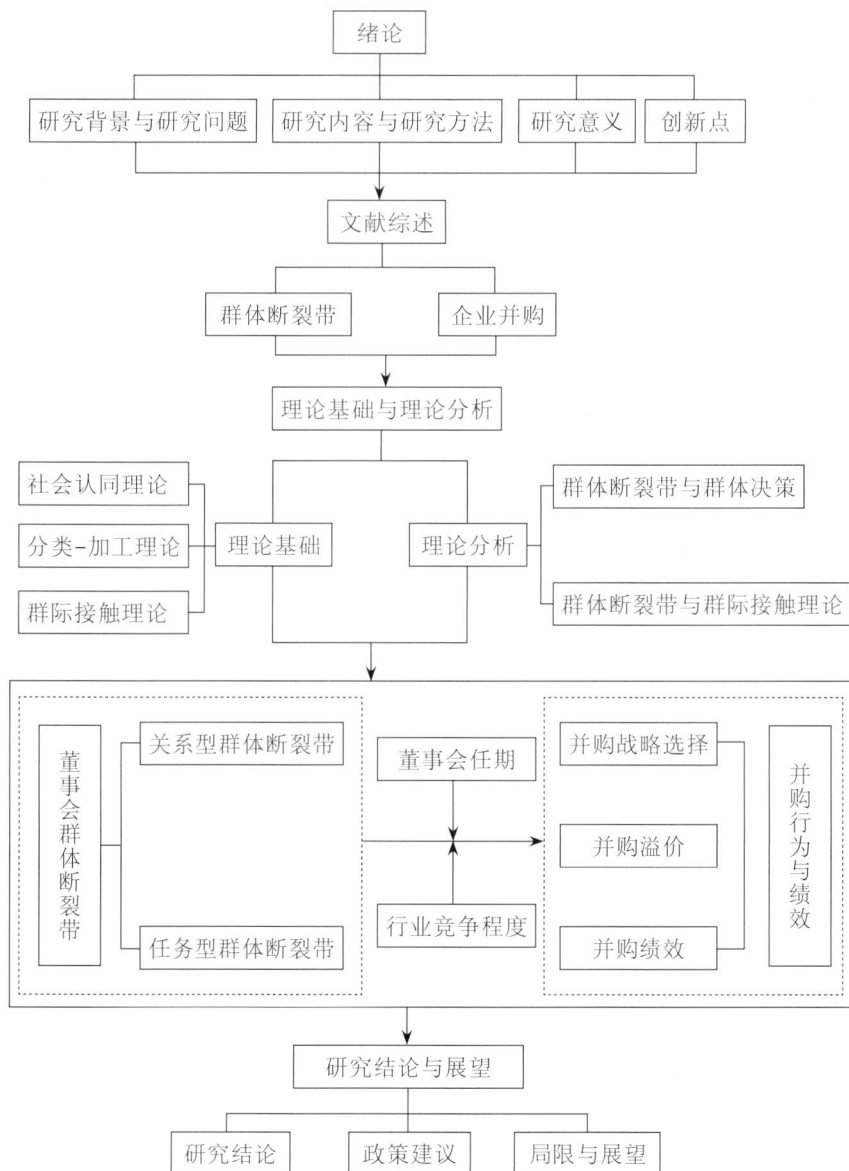

图1-3 本书结构框架图

1.2.2　研究方法

本书通过理论研究与实证研究相结合的方法考察董事会群体断裂带对企业并购战略选择、企业并购溢价以及企业并购绩效的影响。本书具体使用了如下研究方法：

（1）文献分析法。

现代科学研究是通过对前人研究成果的不断深入、丰富、创新得以发展与进步的，因此根据研究问题收集、查阅、研读、整理相关文献是进行科学研究的重要环节。丰富的文献阅读与积累有助于了解已有研究成果，追踪该领域的研究现状与发展趋势，既能避免重复研究，又可以为自身研究梳理思路以便提出自己的想法。

本书采用文献分析法展开研究。首先，本书通过查阅文献，获取关于"企业并购""并购溢价""并购绩效""董事会并购决策""群体断裂带"的相关研究文献，通过阅读和梳理文献从现有研究中提出本书研究问题。其次，本书对群体断裂带、企业并购以及董事会与企业并购的相关文献进行阅读、整理、分类，对文献中的主要观点、理论基础等进行梳理，并且在此基础上分析现有研究成果的不足之处，明确本书主题的研究意义，为本书寻找研究方向。再次，本书结合群体断裂带、社会认同理论、分类-加工理论、群际接触理论的相关文献，分析董事会群体断裂带对企业并购战略决策、并购溢价、并购绩效的影响，通过对文献的引证结合理论分析提出本书假设。最后，本书围绕提出的研究假设查阅相关文献，对与本书研究假设相关的样本选择、变量定义与测量、实证模型、回归方法等进行归纳与总结，根据对已有文献的梳理进行本书的研究设计并进行实证分析以对本书观点进行检验。

（2）实证研究法。

实证研究法是通过计量工具进行数据统计与分析对所提研究假设进行检验的一种方法。为了论证本书提出的关于董事会群体断裂带（关系型群体断裂带与任务型群体断裂带）对企业并购战略选择、并购溢价以及并购绩效的影响，本书运用了以下实证研究方法：第一，描述性统计分析。本书对研究设计中所涉及的变量的平均值、最值、标准差等进行统计，以此了解相关变量的基础数据特征。第二，相关性分析。本书通过 Pearson 相关性分析检验变量之间的相关关系，以识别变量间是否存在严重的共线性问题。第三，多元回归分析。本书根据研究假设设计恰当的计量模型，根据变量特征、模型特点选择适当的回归模型对假设进行检验。对于被解释变量为企业并购战略选择的回归模型，由于被解释变量为虚拟变量，根据已有研究本书选择 Logit 回归，对于被解释变量为并购溢价与并购绩效的回归模型，本书选择普通最小二乘法进行回归检验。此外，为了保证研究结果的可靠性，本书参考已有研究通过改变变量的测量方法、变换回归模型等方法对实证结果进行稳健性检验。

1.3 研究意义

1.3.1 理论意义

第一，本书以社会认同理论、分类-加工理论为基础考察了不同类型群体断裂带在群体决策中的影响机制，剖析了关系型群体断裂带与任务型群体断裂带如何通过社会分类引发不同的群际偏见影响群体决策过程中的信息加工质量最终影响群体决策结果的作用机制。现有关于群体断裂带的文献大多将群体断裂带作为一个整体不加区别地进行研究，或者仅仅考察某一种类型的断裂带在群体中的影响（O'Leary，Mortensen，2010；Thatcher，Patel，2012；Cooper，Patel，Thatcher，2014；Van Peteghem，Bruynseels，Gaeremynck，2018）。虽然部分学者同时对两种群体断裂带进行考察，但是这些研究将两种类型的断裂带完全割裂开来，以社会认同理论为基础考察关系型群体断裂带的影响，以信息加工理论为基础考察任务型群体断裂带的影响（Hutzschenreater，Horstkotte，2013；Richard，Wu，Markoczy，2019；Chung 等，2015）。本书在已有研究的基础上应用分类-加工理论将关系型群体断裂带与任务型群体断裂带纳入一个理论框架中考察两种群体断裂带的差异。本书以此为基础在企业并购的情境下考察董事会不同类型的群体断裂带对群体决策的影响，深入地剖析群体断裂带的作用机制，深化了关于不同类型群体断裂带作用机制的研究。

第二，群体断裂带这一概念自产生以来已经被广泛应用于组织行为学、人力资源管理等领域，并且群体断裂带在群体决策中的作用已经得到学者研究证实（Richard，Wu，Markoczy，2019）。董事会作为企业重大战略的决策群体，其内部的群体断裂带对企业并购同样有着重要的影响。董事会群体断裂带强调了董事会内部根据多重特征属性产生的子群体划分状态，而不同的子群体划分在董事会决策过程中发挥作用的机制有所不同，进而产生的结果也有所差异（Tuggle，Schnatterly，Johnson，2010）。本书运用群体断裂带的概念以及分类方式，将董事会群体断裂带分为关系型群体断裂带与任务型群体断裂带，借鉴社会认同理论、分类-加工理论，分析董事会中不同类别的群体断裂带对企业并购相关决策及结果的影响。本书将群体断裂带的概念引入董事会的并购决策中，考察了不同类型的群体断裂带在并购决策这一具体情境中的作用，丰富了群体断裂带的应用范围。

第三，现有关于企业并购的研究虽然关注了董事会的作用，但是这些研究仅仅考察了董事会的正式结构、董事会成员的个体特征以及董事会成员的网络联结关系对企业并购的影响（Ben-Amar，Andr，2006；Bauguess，Stegemoller，2008；Masulis，Wang，Xie，2006；Levi，Li，Zhang，2014；陈仕华，姜广省，卢昌崇，2013；Schonlau，Singh，2009），却忽视了董事会非正式结构对企业并购的影响。已有研究指出，董事会作为决策群体其非正式结构在企业决策中发挥着重要的作用（He，Huang，2011；Correll，Ridgeway，2003）。董事会群体断裂带的概念反映了董事会内部的子群体划分形态，是对董事会内部非正式结构的一种描述。本书通过考察断裂带引发的董事会子群体分化进一步深入董事会内部考察其决策的过程。本书为董事会与企业并购的相关研究提供了新的理论视角，对企业的并购决策过程有了新的认识。

第四，现有关于董事会的研究已经以高阶理论为基础考察了董事会成员的人口统计特征在企业战略决策中的重要影响（Levi，Li，Zhang，2014；Huang，Kisgen，2012；李维安，刘振杰，顾亮，2014）。虽然这些研究在一定程度上解答了董事会多样性如何影响董事会决策的问题，但是这些研究并未得出一致的结论。

例如，Bantel 和 Jackson（1989）、Eisenhardt、Kahwajy 和 Bourgeois 等（1997）、Hambrick 和 Chen（1996）研究发现，团队在任期、教育背景、职业背景以及种族上的多样性可以提高团队绩效；Michel 和 Hambrick（1992）、Zajac，Golden 和 Shortell（1991）等学者的研究结果表明任期、年龄以及种族的多样性会引起团队绩效的下降；但也有学者认为绩效与年龄、性别以及种族的多样性之间并不存在显著的关系（O'Reilly，Williams，Barsade，1997；O'Reilly，Snyder，Boothe，1993）。

系统梳理这些文献之后可以发现，现有文献对董事会多样性的研究忽略了董事会中由于成员特征不同而形成的子群体。已有研究表明群体中的子群体关系是影响群体决策与行为的重要因素，因为子群体之间的关系会直接影响整个群体内部的互动与交流（Kaczmarek，Kimino，Pye，2012）。因此本书在董事会情境中引入群体断裂带的概念，依据分类-加工理论考察董事会中不同的子群体分化如何影响其决策过程与决策结果。本书在已有研究的基础上更加深入地探讨董事会的决策过程，对于不同类型的子群体分化在董事会决策中的作用机制进行分析，丰富了现有关于董事会决策的研究。

1.3.2　实践意义

随着经济发展并购成为企业快速扩张规模获取资源的重要途径，但是由于并购的复杂性在实践中多数企业并购是失败的，因此对并购决策的研究能够为企业的并购实践提供有益的指导。由于董事会是企业并购的主要决策者，因此对董事会的决策过程进行研究对厘清企业并购结果有着重要的意义。

本书将董事会作为一个群体进行研究，根据群体断裂带的概念将董事会成员依据不同的特征组合划分为若干子群体，进一步考察不同的子群体划分如何影响董事会的并购决策。本书研究以群体断裂带为出发点借鉴社会认同理论、分类-加工理论以及群际接触理论等深入剖析了董事会的并购决策过程与并购结果，论证了董事会中的关系型群体断裂带与任务型群体断裂带在企业并购中的重要作用。

本书研究对企业主要有以下两点实践启示：

第一，在企业遴选董事会成员时应该更加注重董事会成员的特征分布。当前学术界与实践界都在强调董事会成员的多样性，认为多元化的董事会能够为企业带来更多的资源而且有利于加强董事会的监督职能。但是董事会成员的多样性可能会使董事会内部产生不利于群体决策的子群体分化，导致决策质量下降，最终影响企业绩效。因此企业在选择董事会成员时应该将董事会成员的特征分布纳入考虑范围，避免董事会中产生导致决策质量下降的群体断裂带。

第二，本书研究表明董事会中存在关系型群体断裂带与任务型群体断裂带，其中，关系型群体断裂对董事会的并购决策与并购绩效有着消极的作用，任务型群体断裂带则能够提高企业的并购决策质量和并购绩效，而且董事会任期与行业竞争程度调节了群体断裂带在企业并购中的作用。因此，企业在董事会决策中应该尽可能放大群体断裂带的积极影响并且规避群体断裂带的消极影响。例如，企业可以通过控制董事会任期来控制董事会群体断裂带的影响，如果董事会存在关系型群体断裂带则应该尽可能增加董事会成员相互接触、互相了解的机会，以降低关系型群体断裂带的消极影响，而存在任务型群体断裂带的董事会则应该及时对董事会成员进行更新，以发挥任务型群体断裂带的积极影响。

1.4 创新点

本书以董事会群体断裂带为研究视角，借鉴社会认同理论、分类-加工理论、群际接触理论等考察董事会中关系型群体断裂带与任务型群体断裂带对企业并购战略选择、并购溢价以及并购绩效的影响，与以往研究相比，本书研究具有以下创新点：

第一，本书创新地从董事会子群体的角度考察董事会决策及产出，丰富了现有相关研究。已有研究指出，在多样化群体中个体往往会将自身归入某一子群体，用其所属的子群体来定义自己并且根据子群体的规范米决定自身行为（Grant，Hogg，2012）。因此群体中子群体之间的关系与互动是影响整个群体行为的重要因素（Horwitz，Horwitz，2007；Van Knippenberg，De Dreu，Roman，2004）。董事会是对企业重大战略问题进行集体决策的群体，与一般多样化群体类似，其子群体之间的相互关系与互动会影响董事会的决策过程及结果（Tuggle，Schnatterly，Johnsond，2010）。本书借鉴群体断裂带的概念对董事会中的子群体划分进行描述，并且运用分类-加工理论在企业并购情境中论证不同群体断裂带形成的子群体之间的关系及相互作用，丰富了现有关于董事会决策的研究。

第二，本书丰富了关于董事会决策过程的研究。很多学者将董事会概念化为一个信息处理群体（Boivie 等，2016；Brodbeck 等，2007），他们认为，为了作出有利于提高企业价值的决策，董事会成员需要获取、处理并且共享信息。现有研究大多仅考察了董事会如何获取更多的信息资源，例如，Miller 和 Triana（2009）、周建和李小青（2012）认为与同质化的董事会相比，多样化的董事会掌握着更多的信息；陈仕华等（2013）研究发现董事会成员的社会网络为董事会建立起获取信息的重要渠道。这些研究仅仅关注了董事会如何获取信息却忽视了董事会对信息的运用。现有研究认为董事会能够充分利用其所拥有的信息资源，因此董事会拥有的信息越多，其决策质量越高。现有关于群体决策的研究表明，很多情况下群体并没有有效地利用他们拥有的信息资源（Kerr，Tindale，2004；Brodbeck 等，2007）。因此现有研究无法解释拥有同样信息资源的董事会为何在决策结果上仍然存在差异（李善民，黄灿，史欣向，2015；Schonlau，Singh，2009）。本书引入群体断裂带的概念以分类-加工理论为基础从董事会中子群体划分与子群体关系的角度考察董事会在决策中运用信息资源的过程和机制，丰富了现有关于董事会决策机制的研究。

第三，本书创新性地将分类-加工理论与群际接触理论相结合，考察不同情境下董事会关系型群体断裂带和任务型群体断裂带差异对企业并购行为和结果的影响。群际接触理论是关于群体间接触与群际偏见和群际关系的理论（Allport，1954；Pettigrew，Tropp，2008）。本书根据群际接触理论研究了不同的董事会任期和行业竞争程度如何影响董事会中子群体之间群际偏见的差异以及这种差异对群体断裂带与并购决策关系的影响。本书通过群际接触理论论证了以分类-加工理论为依据建立的董事会群体断裂带的作用机制，从新的理论视角对群体断裂带的作用机制进行了更加细致深入的讨论。群际接触理论与分类-加工理论的结合为群体断裂带的相关研究提供了新的理论研究框架，进一步丰富了关于群体断裂带作用机制的研究。

2 文献综述

2.1 关于群体断裂带的研究综述

2.1.1 群体断裂带的研究缘起与概念界定

自高阶理论提出以来，大量研究已经证实了董事会成员的人口统计特征在企业战略决策中的重要作用（Hambrick，2007；Hambrick，Mason，1984；Hambrick，Humphrey，Gupta，2015）。随着研究的不断深入，学者们考察了董事会人口统计特征的多样性对企业的影响，但是现有研究难以得出一致性的结论（Ferreira，Ferreira，Raposo，2011；Peteghem，Bruynseels，Gaeremynck，2018；Bedard，Hoitash，Hoitash，2014）。例如，Ashbaugh-Skaife、Collins 和 LaFond（2006）以及 Cornett（2009）研究发现董事会成员独立性的多样性能够提高企业价值或会计信息质量，但是 Ferreira、Ferreira 和 Raposo（2011）则认为这两者之间存在负相关关系。再如，Castro 等（2009）、Vafeas 等（2003，2005）关于董事任期多样性是否有利于提高董事会绩效的研究同样得出了不同的结论。系统梳理已有文献之后，我们发现以往学者大多只关注董事会成员在某一个特征上的多样性（Cho，Hambrick，2006），而忽略了团队成员的多重人口学特征，因此这些研究无法解释一个多重特征的复合体对于团队或团队成员会产生何种影响，这也使得之前的研究无法得出统一的结论（Thatcher，Jehn，Zanutto，2003）。

团队已经成为现代组织处理各种复杂任务的主流方式（van Knippenberg，De Dreu，Homan，2004；Antino，Rico，Thatcher，2019），团队多样性管理成为决定组织效率的基石（Joshi，Roh，2009）。但是如何有效地进行多样性管理正逐渐成为企业需要解决的问题，这也是学术界重要的研究课题。关于团队多样性的研究指出，为了更加全面地理解团队动态，仅仅关注团队成员在某些特征上的多样性已经不足以解释团队内部的运行过程，学者应该更加关注团队内部的非正式结构，尤其是团队内部的子群体（subgroup）（Cooper，Patel，Thatcher，2014）。面对团队多样性研究的困境，Lau 和 Murnighan 于 1998 年在 Demographic Diversity and Faultlines：The Compositional Dynamics of Organizational Groups 一文中创造性地提出了群体断裂带（faultline）的概念，这一概念强调的是群体成员在多种特征属性上的分布组合，两位学者希望人们对群体成员多重特征的分布投入更多的关注，进而解决多样性研究的难题。此后学者们开始对群体断裂带进行研究，并且在许多国际顶级学术期刊上频频发表成果。

群体断裂带是依据某个或某几个特征将群体划分为若干个子群体的假想线（Lau，Murnighan，1998；Chung 等，2015）。现有关于群体断裂带的研究大多集中于对群体成员人口统计特征的考察，例如群体成员的性别、年龄、任期、教育经历、职业背景等，这些属性方便观察、易于测量，能够在一定程度上反映个体特征所形成的断裂带（Richard，Wu，Markoczy，2019）。群体断裂带反映了群体成员的社会组成（social configuration），群体成员因为相似的特征形成若干子群体，同一子群体内的成员较为相似，不同子群体成员之间差异较大（Antino，Rico，Thatcher，2019）。群体断裂带的概念是以群体多样性为基础产生的，多样性的概念仅仅反映了群体成员在各个特征上差异分布的离散程度，而群体断裂带则更加侧重于成员多重个体特征的分布格局或构型（谢小云，张倩，2011）。我们运用Thatcher和Patel（2012）提出的一个简单例子来说明两者之间的差异。表2-1描述了两个假想工作群体的成员构成及各自的特征。工作群体1和工作群体2均由A、B、C和D四位成员构成，各群体的全部人口统计特征都表现出相同的多样化程度，即两个群体均包含两名白人和两名黑人，两名男性与两名女性，两名年龄不低于50岁的人与两名年龄不超过30岁的人，两名生产经理与两名文书职员。但是两个群体相比，工作群体1更容易形成群体断裂带，因为工作群体1中的成员A和成员B在种族、性别、年龄以及职位等特征属性上具有很高的相似性，成员C和成员D亦是如此，而且A、B和C、D在这些特征上具有很大的差异，因此在工作群体1中很可能形成分别由A、B和C、D组成的两个子群体。在工作群体2中虽然成员特征的类别以及各类别的人数与工作群体1相同，但是群体2中各成员在各个特征上无法形成清晰的划分，因此很难形成断裂带。由此可见，群体断裂带是在群体多样性的基础上对群体成员多重特征属性分布状况的考察。

表2-1 群体断裂带强度

成员	工作群体1				工作群体2			
	A	B	C	D	A	B	C	D
种族	白人	白人	黑人	黑人	白人	黑人	白人	黑人
性别	男	男	女	女	男	女	男	女
年龄	50	55	30	35	50	55	30	35
职位	生产经理	生产经理	文书职员	文书职员	生产经理	文书职员	生产经理	文书职员
断裂带强度	强				弱			

资料来源：作者整理。

现有研究将群体断裂带的概念分为断裂带强度（strength）与断裂带距离（distance）两个维度。断裂带强度是指群体成员按照某种或多种特征进行子群体划分并形成子群体的程度，它反映的是子群体内部的同质性程度以及不同子群体之间异质性的程度，衡量的是将群体划分为若干子群体的假想线的清晰程度（Thatcher，Jehn，Zanutto，2003）。断裂带距离反映的是一个群体内的子群体在多大程度上区别于其他子群体，衡量的是由断裂带划分的子群体之间的差异程度（Bezrukova，Jehn，Zanutto，2009）。

表2-2中列示了两个假想工作群体，工作群体1和工作群体2均由A、B、C和D四位成员构成，而且两个工作群体中的成员A与B、C与D的性别、年龄、职位均相同，而且A与B、C与D在这些特征上存在较大的差异，因此两个工作群体中均可能存在断裂带将其分为由A和B、C和D组成的子群体，即两个工作群体中的断裂带强度相同。但是，工作群体1中的两个子群体在年龄与职位上均存在较大的差异，例如，在成员年龄上工作群体1中的子群体间的年龄差距为30岁，而工作群体2中子群体间的年龄差距为10岁，由此可见与工作群体2相比，工作群体1中不同子群体之间的差异更大，即工作群体1中断裂带距离更大。

表2-2 群体断裂带距离

成员	工作群体1				工作群体2			
	子群体1		子群体2		子群体1		子群体2	
	A	B	C	D	A	B	C	D
性别	男	男	女	女	男	男	女	女
年龄	55	55	25	25	40	40	30	30
职位	生产经理	生产经理	文书职员	文书职员	生产经理	生产经理	生产工人	生产工人
断裂带距离	大				小			

资料来源：作者整理。

2.1.2 群体断裂带的分类

已有研究根据影响群体断裂带形成的因素不同将群体断裂带进行了

分类，其中，较为普遍的一种分类是将群体断裂带分为关系型群体断裂带（relationship-related faultline）与任务型群体断裂带（task-related faultline）。关系型群体断裂带是指根据能够影响群体成员社会关系的相关因素将群体分为若干子群体的断裂带，这些因素包括年龄、性别、种族等可见的、易于识别的或者能够产生阶级的因素（Richard，Wu，Markoczy，2019；Bezrukova 等，2009；Carton，Cummings，2012；Homan 等，2007）。这些特征能够直接反映个体的生理特征，是群体成员与生俱来的特质，虽然与其工作联系不紧密，但是能够通过社会分类（social category）和个体偏见（inter-personal prejudice and stereotyping）影响群体成员的情感与行为，最终形成子群体。任务型群体断裂带是指根据与工作任务相关的因素将群体分为若干子群体的断裂带，这些因素包括任期、学历、职业背景等，对群体成员的知识、技能与工作能力有着重要影响（Richard，Wu，Markoczy，2019；Cooper，Patel，Thatcher，2014；Horwitz，Horwitz，2007）。这些特征与群体的工作任务密切相关，属于群体成员后天获得的特质，以此为基础形成的群体断裂带会导致子群体之间的信息处理方式差异。已有研究表明这两类断裂带从作用机理到影响结果均有差异。

群体断裂带可以依据其是否被激活划分为休眠断裂带（dormant faultline）和激活断裂带（actived faultline）。由于群体成员依据不同的特征组合有着不同程度的相似性与差异性，因此群体内部可能存在多种划分子群体的方式即多条不同的断裂带，但是现有研究认为并不是所有的断裂带都能够被群体成员感知到（Lau，Murnighan，1998）。因此根据是否能够被群体成员感知，群体断裂带可以分为休眠断裂带与激活断裂带。处于潜伏状态的群体断裂带被称为休眠断裂带，一般产成该类断裂带的成员特征的分布没有被其成员所直接感知（Meyer，Glenz，2013）。如果群体成员的某种特征分布方式能够被成员明显感知到子团队的存在，此时群体断裂带就会被激活（Jehn，Bezrukova，2010；Chrobot-Mason 等，2009；Thatcher，Patel，2012）。现有研究表明，即使休眠断裂带未被激活，依然会对团队决策过程及结果产生一定的影响（Lau，Murnighan，2005；Chrobot-Mason 等，2009），并且学者研究指出休眠断裂带与激活断裂带之间存在高度的相关关系（Zanutto，Bezrukova，Jehn，2011）。Thatcher等（2012）认为不同状态的群体断裂带对团队过程及结果的影响并无显著差异，换言之团队内只要存在断裂带（无论是休眠断裂带还是激活断裂带），就会对团队决策过程及结果产生一定影响。

2.1.3　群体断裂带的测量

自群体断裂带的概念提出之后，学者们逐渐开始关注这一概念的测量方法。学者提出了不同的测量方式，包括定性方法和定量方法。其中，定性测量方法主要是指Lau和Murnighan（1998）提出的将群体断裂带按照其定义划分为弱、中、强三类（Lau，Murnighan，2005）。除此之外，部分学者还通过实验的方法对群体断裂带进行了测量（Phillips，2004；Pearsll，2008）。定性的测量方法会受到人为主观判断影响的局限性加之其所能分析的群体规模以及成员的特征较为有限，因此这种方法并没有得到广泛的应用。

除了通过定性方法对群体断裂带强度进行测量外，学者们还构建了定量工具对复杂的群体断裂带进行计算。其中，得到较多援引和运用的方法是Thatcher等学者（2003）提出的Fau算法。Thatcher、Jehn和Zanutto（2003）率先提出了群体断裂带强度（Fau）的算法。这种算法的基本思想是当断裂带强度很大时，团队被虚拟分割为若干子群体，子群体内部具有较高的同质性，而子群体之间存在较大的差异性。因此该算法首先计算团队中各个可能的子群体的特征方差与整个团队特征方差的比值，然后选取其中的最大值作为群体断裂带的强度（Fau），最终Fau取值范围为0~1，这一比值越大则群体内的断裂带强度越大。为了计算的简约性，Fau计算公式默认一个群体只能划分为两个子群体。相对于其他算法，Fau算法最大的优势在于能够兼顾离散变量和连续变量的特征。由于研究群体断裂带所涉及的人口统计特征往往同时包含离散变量（如性别、教育背景等）和连续变量（如年龄、任期等），因此在断裂带的测量中被广为援引。

除了Fau算法这一主要测量方法之外，还有学者根据研究目的开发了其他一些测量方法。

例如，Shaw（2004）构建了FLS这一指标来测度群体断裂带强度。这一算法的核心思想也是当子群体内的同质性越高，同时子群体之间的异质性越大，则团队断裂带强度越大。但是FLS的局限性也体现在子群体内同质以及子群体间异质两者间的整合。FLS算法中需要将子群体内聚合值与子群体间聚合值相乘，但是事实上这两项聚合值并不是完全独立的，两者相乘就会产生一定的冗余，导致计算结果产生偏差（Trezzini，2008）。又如，Li和Hambrick（2005）用子群体人口统计学特征差异的总和度量群体断裂带强度。Barkema和Shvyrkov（2007）采用了聚类分析的思路，利用特定的软件对群体是否能够产生聚类进行分析。

2.1.4　群体断裂带的相关研究

（1）群体断裂带对个体层面的影响。

根据现有研究，群体断裂带对成员个体的影响主要体现在满意度、离职意愿、创造力等方面。部分学者研究认为由群体断裂带形成的子群体之间会产生内群体认同与外群体偏见，导致不同子群体成员之间形成冲突与矛盾，进而降低群体成员的满意度（Rico等，2007；Zanutto、Bezrukova，Jehn，2011；Homan等，2007；Bezrukova等，2009；Cronin等，2011）。而Bezrukova等（2002）、Lau和Murnighan（2005）则认为断裂带的存在增强了子群体内部成员之间的社会支持以及羁绊关系，因此提高了子群体成员的满意度。还有学者进一步研究指出，由群体断裂带导致的矛盾与冲突会提高企业员工的离职意愿（Bezrukova，Thatcher，2006；Ragins等，2012）。

Chung等（2015）则将群体断裂带分为关系型群体断裂带与任务型群体断裂带，经研究发现，关系型群体断裂带会降低员工的忠诚行为，而任务型群体断裂带则会促进员工的忠诚行为。Choi和Sy（2010）发现群体断裂带会降低团队成员的组织公民行为。另有学者研究认为群体断裂带会对子群体成员之间的合作意愿以及在工作中付出的努力产生消极影响（Price等，2007；Pearsall，Ellis，Evans，2008）。

（2）群体断裂带对群体层面的影响。

目前，学者关于群体断裂带的研究大多集中于群体层面。学者们首先考察了群体断裂带对团队绩效的影响。其中，多数学者以社会认同理论、自我分类理论以及相似-吸引范式等理论为基础研究了群体断裂带对团队绩效的影响，他们认为高强度的群体断裂带增强了子群体内部的社会认同，更容易导致子群体之间相互排斥，最终导致群体绩效下降（Li，Hambrick，2010；Jehn，Bezrukova，2010；Choi，Sy，2010；van Peteghem，Bruynessls，Gaeremynck，2018）。随着研究的深入，有学者将群体断裂带进行分类进一步考察不同类型的断裂带如何影响团队绩效。例如，Cooper，Patel 和 Thatcher（2014）研究发现任务型群体断裂带有利于提高企业绩效。Antino 等（2019）通过对西班牙的一家卫生保健组织的41个团队的考察研究发现，激活的群体断裂带对团队绩效有着消极影响。Geogakakis、Gteve 和 Ruigrok（2017）研究认为在跨国上市公司中以知识为基础的断裂带会导致企业绩效下降。另外有些学者的研究得出了不同的结论，例如，Phillips（2004）等学者通过实验得出结论——断裂带有助于团队更好地利用少数群体的异质资源，加强了信息分享，有助于提高团队绩效；Lau 和 Murnighan（2005）的研究则认为团队断裂带与团队绩效没有显著的关系。

近年来，学者逐渐关注到群体断裂带对除绩效外的其他群体层面的影响。Richard 等（2019）研究发现关系型群体断裂带与任务型群体断裂带对企业战略变革有着方向相反的作用，具体而言关系型群体断裂带会阻碍企业的战略变革，任务型群体断裂带则会促进企业的战略变革。Li 和 Jones（2019）以美国企业为样本考察了群体断裂带对企业竞争行为的影响，研究表明群体断裂带强度越大，企业采取激进竞争策略的可能性越小。Gibson 和 Vermeulen（2003）以心理学理论为依据认为群体断裂带与团队学习呈倒U形关系，即中等程度的群体断裂带最有利于团队学习。Lau 和 Murnighan（2005）通过实验设计得出的结果表明群体断裂带与团队学习之间没有显著的线性关系。有学者研究发现，在任务型群体断裂带强度较高的团队中，成员可以共享知识和信息，并由子群体成员共同承担风险，然后在子群体之间进行交换，因此任务型群体断裂带能够促进团队学习，增强团队创造力（Rupert，Blomme，Dragt，2016；Qu，Liu，2017）。但是，还有学者从社会分类及信息交换视角考察了群体断裂带与团队创造力的关系，研究认为群体断裂带不利于团队创造力的提升（Barkema，Shvyrkov，2007；Pearsall，Ellis，Evans，2008）。关于群体断裂带对决策质量的影响的研究结论较为一致，即较强的群体断裂带会导致决策质量下降（Rico等，2007；Sawyer，2006）。

此外学者还研究了群体断裂带对群体冲突、群体过程的影响。Lau与Murnighan（1998）最初提出的群体断裂带概念即强调了由于断裂带形成的群体分裂会引发子群体之间的矛盾与冲突。学者研究发现群体断裂带强度越大，子群体内部成员之间会产生越好的沟通与合作，但是不同子群体之间的不信任感与矛盾冲突会更加强烈（Greer，Jehn，Thatcher，2007；Jenh，Bezrukova，2010）。Jehn和Bezrukova（2010）通过实验的方法证实了人口统计特征断裂带与子群体间冲突的正向关系。Choi和Sy（2010）研究发现不同类型的群体断裂带对群体内的冲突有着不同的影响，具体而言，基于任期与年龄的群体断裂带以及基于年龄与种族的群体断裂带会导致群体内部的矛盾增加，而基于任期与种族的群体断裂带则会减弱群体内的冲突。在此基础上，学者进一步考察了群体断裂带对群体凝聚力、群体信任等的影响。Polzer（2006）对根据地理位置划分的断裂带与团队信任的关系进行研究发现这种类型的断裂带会阻碍群体内的沟通，因此降低了团队内的相互信任程度。Rico等（2007）认为较强的群体断裂带会导致团队内产生负面情绪，降低团队的凝聚力以及成员的满意度水平。Cronin等（2011）的研究也证实子群体感知较强会导致群体整体关系质量下降，进而使得团队内的人际交往受阻，从而使子群体之间的界限更加分明，对群体成员之间的相互信任、尊重、喜爱产生消极影响。

（3）群体断裂带研究中的情境因素。

群体内部特征以及群体外部环境是影响群体断裂带发挥作用的重要因素。断裂带是根据群体成员在各个特征上的异同对其进行划分，而群体规模会影响其成员之间的相似性或相异性的程度，因此群体规模是影响断裂带强度的重要因素（Lau，Murnighan，1998）。Hart和Van Vugt

（2006）研究认为群体规模越大，出现同质性子群体的可能性越小。
Thatcher和Patel（2012）则认为群体规模与断裂带强度之间是倒U形关
系，即较大或较小的群体中出现群体断裂带的概率较低。有学者研究指
出，由群体断裂带划分的子群体的数量与规模同样会影响断裂带对群体
决策的作用。首先，子群体数量过多会削弱群体断裂带的强度（Shaw，
2004；Trezzini，2008）。Polzer（2006）等以基于地理位置形成的群体
断裂带为例研究发现，与分裂为两个子群体的团队相比，分裂为六个子
群体的团队中子群体冲突更少。Lau和Murnighan（1998）指出子群体
规模的均衡性会影响群体内部权力与资源的分配，因此学者考察了子群
体规模对断裂带的影响。其中，O'Leary和Mortensen（2010）通过实验
发现子群体规模的失衡会导致子群体之间的竞争，从而增强断裂带引发
的群体冲突。同样的，Nishii和Goncalo（2008）、Hart和Van Vugt
（2006）分别论证了子群体规模对群体断裂带与团队创造力以及群体断
裂带与群体分裂之间关系的影响。

　　除了群体结构外，群体成员之间的身份与权力差异同样会影响群体
断裂带的作用。Georgakakis等（2017）在考察任务型群体断裂带与企
业绩效时引入CEO与其他高管团队成员的相似性，研究发现CEO与其
他高管团队成员在人口统计特征上的相似性会增强断裂带与企业绩效之
间的关系。Li和Jones（2019）的研究同样发现，当CEO与高管团队其
他成员之间的权力差距越大时，企业高管团队断裂带与企业激进竞争战
略之间的负相关关系越强。Kunze和Bruch（2010）以跨国公司为样本
研究发现企业的变革型领导能够有效减弱以年龄为基础的群体断裂带的
消极影响。魏钧和董玉杰（2017）的研究结果表明交易性领导能够负向
调节团队断裂带对员工绩效水平的消极影响。杜娟等（2020）研究发现
悖论型领导风格会负向调节团队断裂带通过团队行为整合影响团队创造
力的间接关系。而仇勇等（2019）则认为授权型领导会削弱团队断裂带
对个体创新的消极影响。

　　群体存在于一定的环境中，学者研究认为不同的环境特征对群体断
裂带有着重要的影响。已有研究表明团队所处环境中的信息多样性能够
缓解群体断裂带对企业绩效的负向影响（Homan等，2007）。Cooper，

Patel 和 Thatcher（2014）考察了环境动态性对任务相关性与企业绩效的调节作用，研究发现当企业所处环境较为稳定时，高管团队中的任务型群体断裂带对企业绩效有促进作用，但是当企业环境稳定性较差时，高管团队的任务型群体断裂带则会抑制企业绩效。Richard 等（2019）同样发现环境动态性对任务型群体断裂带与企业战略变革关系有着正向的调节作用。林明等（2018）研究指出，随着市场竞争程度的提高，国有上市公司高管团队任务型群体断裂带对企业绩效的负向作用增强。

2.1.5　董事会群体断裂带的相关研究

董事会群体断裂带的研究同样是起源于对董事会多样性研究的困境，学者们对董事会多样性的相关实证研究结论并不一致，如 Tuggle 等（2010）、Miller 和 Triana（2009）、Cater（2007）等发现，董事会多样性会促进企业价值创造；但是 Rose（2008）、Walt 和 Ingley（2003）认为董事会多样性与价值创造的关系并不显著。因此为了解决董事会多样性研究的困境，Tuggle、Schnatterly 和 Johnsond（2010）三位学者将群体断裂带的概念应用于董事会情境中，并且引起了国内外学者的关注。

目前关于董事会群体断裂带的研究并不多，而且主要集中于董事会群体断裂带对企业战略选择及价值创造影响的研究。Tuggle 等（2010）的研究结果表明如果董事会群体断裂带强度较高会导致董事会成员减少对公司创业问题的讨论，因为较强的断裂带需要董事会分配大量精力处理子群体间的冲突及沟通问题。Kaczmarek（2012）从权变的视角出发考察了董事会群体断裂带对企业价值影响中公司治理情境特征的调节作用，结果发现公司治理特征如高管薪酬结构等可以削弱董事会群体断裂带对企业价值的负面影响。李小青和周建（2012，2015a，2015b）对董事会群体断裂带与企业价值、企业创新战略以及企业战略绩效之间的关系进行了实证研究，结果表明任务导向的董事会群体断裂带对企业价值以及企业战略绩效具有显著的负向影响，对企业创新战略具有积极影响。李维安等（2014）考察了董事会群体断裂带在企业跨国并购中的作用，发现董事会群体断裂带对企业跨国并购的成功实施具有抑制作用。梁上坤等（2019）考察了董事会群体断裂带对公司股价崩盘风险的影响，结果发现董事会群体断裂带会增加企业股价崩盘的风险。王晓亮和邓可斌（2020）特别研究了董事会性别断裂带与资本结构决策效率的关系，结果表明性别断裂带越大，企业资本结构动态调整速度越快，资本结构偏离程度也越低。张耀伟等（2021）研究指出董事会断裂带与企业投资决策质量之间呈倒 U 形曲线关系。

2.2 关于企业并购的研究综述

2.2.1 企业并购动机

很多企业将并购作为资源整合、优化配置、快速成长的重要战略决策。作为并购活动的主体，企业中的很多因素直接影响企业的并购决策与并购结果。现有关于企业并购的研究大多从交易成本理论、协同效应理论、市场势力理论、资源基础观、委托–代理理论等角度对企业的并购动机进行考察。

（1）交易成本理论。

交易成本理论认为市场与企业是现代经济社会的资源配置机制，企业存在的很大原因就在于通过将原本需要在市场中进行的交易在企业内部进行，以降低交易成本（Coase，1937；Williamson，1986）。因此，学者们认为企业可以通过并购将原本独立的企业组成一个整体，将各个独立企业之间原本需要通过市场完成的资源配置转为企业内部的资源调动，以此降低企业的搜寻成本、谈判成本、监督成本等各种交易成本（McGuckin，Nguyen，1995；Klein，2001）。企业通过评估市场交易费用与组织费用来决定是否进行并购，如果市场交易费用高于组织费用，企业会选择进行并购，反之则会放弃并购。例如，当面对较高的市场壁垒时，新进入企业可以通过并购该领域中的已有企业降低壁垒，减少企业进入新市场的成本（Meyer，Wright，Pruthi，2009）。再如，企业如果完全依靠自身力量进行新产品开发则需要消耗大量的资源，而并购可以使企业对新产品的回报进行更准确的评估，因此并购成为企业节约开发新产品成本的途径之一（Karim，2006）。

（2）协同效应理论。

学者们普遍认为企业可以通过并购实现协同效应，即通过不同企业的兼并融合改善企业经营、提高竞争力，达到 1+1>2 的效应（Bradley，Desai，Kim，1988）。例如，关于企业间的横向并购，有学者认为企业进行并购可以扩大生产规模，通过增加产量降低成本，追求并实现规模经济效应（Slusky，Caves，1991）。关于企业间的纵向并购，企业通过多产品生产和销售以降低各个企业单独生产销售产品的成本之和，即产生范围经济效应（Haleblian 等，2009）。

除了经营协同外，并购还可以通过相应的资产重组以及业务整合提高企业的管理能力和管理效率，最终达到企业间的管理协同（Jensen，Ruback，1983）。企业可以通过并购获得边际利润更高的项目来满足投资企业的需求，因此现金充裕但缺少投资机会的企业可以通过并购进行投资，而拥有较低内部资金生产能力和大量投资机会的企业通过并购可以获得成本较低的内部资金的支持，这是优化资源配置的重要方式之一。学者研究认为，企业可以通过并购扩大企业规模、提高企业的融资能力与偿债能力，实现财务协同效应。

（3）市场势力理论。

市场势力理论认为如果企业拥有更大的市场势力就可以从顾客那里获得更多的价值。例如，当市场中企业数量较少时，企业拥有更大的市场势力，相对于顾客而言，企业具有更强的溢价能力，能够获得更多的垄断利润（Collins 等，2009）。因此，学者研究认为企业并购的一个重要原因是为了扩大企业的市场份额，提高市场占有率，提升企业的市场势力，通过获取垄断地位得到企业优势与获利机会（Borenstein，1990；Kim，Singal，1993）。Prager（1992）以反垄断法颁布之前的美国铁路公司为样本研究发现，在铁路公司宣布并购事件的一周内，企业的股价会有大幅度的上涨。美国航空公司存在同样的情况，即在并购之后，航空公司的航线服务价格会上升（Kim，Singal，1993）。

（4）资源基础观。

资源基础观指出，企业是各种不同资源的集合体，不同的企业拥有不同的资源，这些资源包括有形资源以及无形资源，如物质资源、财务资源、技术资源、人力资源等（King，Slotegraaf，Kesner，2008）。企业资源的异质性影响着企业的竞争力，企业为了获得持续的竞争力需要争取更大的资源优势（Nason，Wiklund，2018）。因此学者研究认为企业间并购的重要目的之一就是获取独特资源，减少对外部资源的依赖，以实现企业的快速成长（Wang，Zajac，2007）。Karim（2006）研究发现，与未发生并购的企业相比，发生并购的企业可以在更加广阔的范围内获取资源，在资源配置上具有更大的自主性。Uhlenbruck等（2006）考察了互联网行业中的并购，他们认为互联网企业可以通过并购获取稀有资源，从而获得更高的回报收益。Puranam和Srikanth（2007）同样认为并购可以为企业带来创新所需的资源，有助于提升企业的创新能力。

（5）委托-代理理论。

委托-代理理论认为，由于所有权与经营权的分离，管理者为了实现个人利益最大化往往会作出违背股东价值最大化原则的行为（Jensen，Mecking，1976）。学者认为企业管理者的私人利益是并购的重要动因。

首先，管理者从企业获得的报酬、地位、权力等往往与企业规模呈正相关关系，即企业规模的扩大能为管理者带来更高的收益（Harford，Li，2007；Deutsch，Keil，Laamanen，2007）。为了获得最大化的个人利益，企业高管具有强烈的动机建造"企业帝国"，而并购则是企业快速扩大规模的途径之一，因此管理者更加倾向于通过并购实现企业规模的增长（Donaldson，1991）。

其次，有学者研究表明企业管理者大多是风险厌恶者，因此管理者更偏好多元化经营，通过实现企业的多元化发展降低自身的职业风险（Amihud，Lev，1981；Gomez-Mejia，Wiseman，1997）。并购是企业进行多样化经营的方式之一，Morck等（1990）研究认为虽然多元化并购的绩效较差，但是管理者出于分散风险的考虑仍然会进行多元化并购。

再次，根据股东利益至上的原则，企业应该将自由现金流以股利的形式发放给股东。但是派发股利会减少管理者可以控制的企业资源，在一定程度上削弱了管理层的权力，因此管理层为了维护自身利益往往不愿意派发股利。为了保障自身利益，在企业拥有充足现金流的情况下，管理者更倾向于进行并购，即使并购收益率较低甚至收益率为负（Hayward，Hambrick，1997）。

最后，学者研究认为企业管理者尤其是CEO具有过度自信的心理特征，具有这种心理的管理者期待建造更加宏大的愿景，而且坚信自己的决策是正确的（Roll，1986；Gamache等，2015）。过度自信的管理者往往会对并购回报有着过分乐观的估计，因此这些CEO可能会更频繁地进行并购，而且并购的规模会更大（Malmendier，Tate，2008）。

2.2.2 影响企业并购的因素

（1）外部环境因素。

学者研究发现，企业并购往往呈现出周期性的特征，也就是说并购并不是时间序列上的随机事件，而是呈现出具有一定行业分布特征的波浪式形态（Sian Owen，2004；Gartner，Halbheer，2009）。鉴于并购的周期性特征，学者考察了宏观经济因素对企业并购的影响。Karagiannidis（2010）考察了澳大利亚1949—2007年的所有并购活动，研究发现并购活动与经济周期存在相关关系，当经济处于繁荣时期时，企业并购数量也会增加。Makaew（2012）的研究也得到了相似的结论。Uddin和Boateng（2011）以1987—2006年英国跨国并购案例为样本，研究发现GDP、汇率、利率以及股票市场价格对企业并购有着显著的正向影响。唐绍祥（2007）对中国企业的并购进行研究同样发现并购周期与经济周期之间存在相关关系。王林元和王小慧（2011）则认为利率是影响企业并购的重要因素，如果利率较高，企业并购的效应则会下降。

除了宏观经济因素外，企业所处的法律制度等外部环境对并购决策同样产生了重要影响。Shleifer和Vishny（2003）研究指出，在美国，由于反垄断法的实施，很多行业的并购活动都受到不同程度的限制。李彬和潘爱玲（2015）考察了我国差异性税收优惠制度对企业并购的影响，他们认为区域性税收优惠政策会导致企业进行跨区域并购。此外，政府对行业的管制程度也会影响企业的并购决策。例如，Alexei和

Ovtchinnikov（2013）研究发现，如果政府放松对行业的管制，行业内企业的并购数量会明显增多。

（2）企业层面因素。

企业规模与营利性是企业实力的象征，有学者研究发现，并购企业的规模越大绩效越好，企业拥有的资源也就越多，更加有能力进行并购活动，而且在并购中更可能支付较高的价格（Beckman，Haunschild，2002；Hayward，Hambrick，1997；Kim，Haleblian，Finkelstein，2011）。Rau 和 Vermaelen（1998）研究发现，对于那些账面市值比较低的公司，资本市场以及企业高管更倾向于对其企业价值进行高估，造成企业并购决策的偏差，导致企业的并购绩效表现不佳。学者研究发现，不同性质的企业进行并购的动机往往存在差别。例如，由于国有企业承担了很多的政府职能，因此国有企业的并购更多的是为了实现政治目标而不是为了实现经济利益的最大化（Antkiewicz，Whalley，2007）。Amihud，Lev 和 Travlos（1990）研究发现，所有权集中程度会影响企业在并购中选择哪种支付方式，具体而言，如果所有权较为集中，企业在并购中更可能选择现金支付。

还有学者研究发现，企业的成长压力不同，企业的并购动机与并购绩效也会存在差异（Kim，Haleblian，Finkelstein，2011）。企业过去发生的并购经验是影响企业后续并购的重要因素。Haleblian，Kim 和 Rajagopalan（2006）研究发现，与并购经验较少的企业相比，并购经验较多的企业更可能进行并购。Gong 等（2019）、Meschi 和 Métais（2015）进一步研究发现不同类型的并购经验（如成功并购经验与失败并购经验）会引发不同的学习效应并且对并购绩效产生不同的影响。

另有学者研究发现，企业文化同样会影响企业的并购绩效。王艳和阚铄（2014）研究发现，收购方的企业文化越强势，并购双方资源和文化整合的难度越大，并购的长期绩效越差，并且这种效应跨省份并购时更为明显。Stahl 和 Voigt（2008）的研究表明，并购双方的企业文化差异会阻碍企业并购后的融合，进而对并购绩效产生消极影响。

（3）管理者层面因素。

基于委托-代理理论的研究表明，管理者出于建造"企业帝国"、分散风险等目的会进行并购活动，因此管理层是影响企业并购的重要因素（Jensen，Mecking，1976）。已有研究主要以过度自信理论、高阶理论、社会网络理论为基础考察了管理者对并购的影响。

首先，已有研究表明企业管理层尤其是CEO具有过度自信的特征，即企业管理层往往认为自己具有很强的专业能力能够作出更好的决策（Hayward，Hambrick，1997）。因此有学者指出管理层的过度自信会导致企业发起并购。Roll（1986）提出了管理者"自大"假说，他认为即使资本市场是有效的，管理者因其过度自信和自大心理也更倾向于高估并购带来的协同效应，从而发起更多的企业并购。Doukas 和 Petmezas（2006）同样发现，与没有过度自信心理的高管相比，过度自信的管理者具有更加强烈的并购意愿，但是这些管理者进行的并购往往绩效较差。Malemendier 和 Tate（2008）研究发现，CEO 的过度自信会使企业高估自己整合被并购方资源并获取收益的能力，因此更倾向于向目标企业支付更高的价格导致企业的并购绩效受损。

其次，根据高阶理论，以管理者人口统计特征为代表的认知因素是影响企业决策的重要因素，因此已有研究考察了管理者的年龄、性别、任期、教育背景等特征对企业并购决策的影响。Zhang，Sabherwal 和 Jayaraman（2016）指出，CEO 的年龄是影响企业并购活动的关键因素，与年长的 CEO 相比，年轻的 CEO 更可能进行并购。关于管理者性别对企业并购决策的影响，学者研究认为董事会中女性所占比例与企业并购频率呈负相关关系，而且女性董事能够抑制企业在并购中支付过高的溢价（Levi，Li，Zhang，2014）。Huang 和 Kisgen（2012）认为女性董事更加严谨且更加注重风险控制，因此女性董事的存在提高了公司在并购行为中的宣告效应。学者对管理者的教育背景进行研究发现，拥有财务知识背景的高管能够帮助企业以较低的价格完成并购（Jensen，Zajac，2004）。Schonlau 和 Singh 等（2009）、Huang 等（2014）对董事的投行经验进行研究发现，拥有投行经验的独立董事能够在并购中提出更加专业的建议，为企业带来更好的并购绩效。赖黎、巩亚林和马永强（2018）考察了高管的从军经历对企业并购的影响，研究发现拥有从军经历的管理者更加偏好冒险，因此其所在企业更倾向于进行并购而且并购金额更高。除人口统计特征外，学者进一步考察了管理者的心理特征对企业并购的影响。Aktas等（2016）研究认为具有自恋性格的CEO更喜欢进行并购，而且在并购过程中更倾向缩短谈判时间。Cain和Mckeon（2016）发现与保守型CEO相比，有冒险倾向的CEO更可能进行风险较高的并购以提升企业价值。

再次，近年来学者研究发现管理者的社会网络关系在企业并购中同样会发挥重要的作用。管理者的社会网络关系是企业获取信息的重要渠道（Haunschild，Beckman，1998；陈仕华，姜广省，卢昌崇，2013），学者研究发现管理者的网络联结有助于企业更快地获取更高质量的并购信息，大大降低了企业搜寻信息的成本支出。基于优质信息企业更可能作出正确的并购决策并且获得更好的并购绩效（Cai，Sevilir，2012；Coles等，2014）。Hauschild（1993）提出的组织间模仿理论表明，通过董事联结的企业之间在并购行为上存在一定的模仿效应，即将要进行并购的企业会模仿联结企业过去的并购经验，导致在并购溢价决策上联结企业之间存在相似性。陈仕华和卢昌崇（2013）以中国A股上市公司为样本进行的研究同样证实了并购溢价决策中的组织模仿效应，即企业在进行并购溢价决策时会模仿通过高管建立起联结关系的企业，而且这种模仿效应会受到高管联结关系的集中度的影响。EI-Khatib等（2012）研究发现，CEO的网络集中度越高，企业进行并购的可能性越大，但并购会降低主并企业的价值，同时会提升标的企业的收益。陈仕华和李维安（2016）考察了企业并购中的锚定效应，他们将通过董事联结的企业作为并购溢价决策中的"外在锚"，这种非理性的锚定效应导致联结企业之前的并购溢价水平（外在锚）对焦点企业当前并购的溢价有显著的正向影响。

最后，已有研究表明，企业可以通过并购实现规模的迅速扩张，而企业规模的扩大往往会促进管理者薪酬和控制权的提高（Bebchuk，Fried，2006）。学者研究认为，管理者的薪酬与权力往往与企业规模有着直接的关系，因此高管的薪酬结构以及权力大小均会影响企业并购。Ettore Croci和Dimitris Petmezas（2012）研究发现，如果CEO的薪酬结构中权益薪酬占比更高，那么CEO更可能进行并购，而且CEO的股权薪酬和交易价值呈正相关关系。Edmans 和 Gabaix（2011）同样发现股权激励能够促进风险厌恶的管理者承担更多风险，进行更多的并购。学者研究发现，管理层的相对薪酬也是影响其并购行为的诱因（Fong 等，2010）。当目标企业的管理层薪酬在行业中处于较低的水平时，可能会激发其通过追求并购行为获得更高的薪酬（Seo 等，2015）。学者研究进一步指出，管理者的权益薪酬占比越高，企业的并购绩效也会更好。Sudip 等（2001）研究发现，与权益薪酬占比较低的企业相比，CEO 的权益薪酬占比较高的企业在并购中支付的溢价更低。Stulz（1988）研究认为，当管理层持股比例较高时，为了避免自身股权被稀释企业会放弃股票支付方式。学者研究发现，高管的持股比例越高，其风险规避意识越强，越倾向于追求低风险投资，从而进行多元化并购（Denis，Sari，1997）。Grinstein 和 Hribar（2004）研究认为，CEO 拥有的权力越大，其所在企业越可能进行大规模并购。Harford 和 Li（2007）考察了高管权力与企业并购的关系，研究发现当高管权力较大时，企业决策受高管个人影响较大，在并购中出现决策失误的可能性也较大。Kim（2011）同样发现，高管权力越大，其牟取私利的动机越强，进而对企业并购绩效产生负向影响。

2.2.3　董事会与企业并购

董事会作为企业的主要决策者需要直接参与并购决策的制定与实施。已有研究主要从三个视角考察董事会对并购的影响：

第一，考察董事会的结构性特征对并购的影响。董事会规模影响着董事会的交流效率与组织协调，进而影响企业的并购决策质量。Ben-Amar 等（2006）、Cheng（2008）均认为企业的代理成本会随着董事会规模的扩大而增加，导致企业并购绩效受损。学者研究认为在董事会中保证一定比例的内部董事有利于会议讨论的顺畅、提高董事会的有效性和进一步提高并购中的价值创造（Harris，Shimizu，2004；Bauguess，Stegemoller，2008）。Byrd 等（1992）认为外部董事能够客观评价并购成本与收益，并对并购交易进行更好的监督。Brown（2012）通过研究独立董事在董事会会议中对并购事件进行的表决，证实了独立董事对并购交易的积极作用。已有研究表明，董事长与CEO的两职合一直接影响了CEO的权力以及董事会的独立性，因此Cosh等（2006）研究认为董事长同时兼任CEO会降低董事会的独立性，增加代理成本，从而对企业的并购绩效产生消极影响。但是Masulis等（2006）则认为，考察董事长与CEO的两职合一对并购的影响需要考虑到行业因素，不同行业中两职合一对并购财富效应的影响有所差异。

第二，以高阶理论为基础考察董事会成员的人口统计特征对并购的影响。自从Hambrick和Mason（1984）提出高阶理论以来，学者们对以董事会成员的人口统计特征为代表的董事会成员的认知风格和价值观与企业并购决策的关系进行了大量的研究。Levi等（2014）、Chen，Crossland和Huang（2016）考察了董事会成员的性别对企业并购的影响，研究发现与男性董事相比，女性董事更加谨慎和保守，因此较少为了"打造企业帝国"而进行并购，而且女性董事能够大大降低企业的并购溢价。此外学者们还考察了董事会成员教育背景的差异对并购的影响，研究认为拥有高学历的董事会成员能够在不确定的环境下作出合理的决策，因此能够在并购中为企业创造更大的价值（Wiersema，Bantel，1992）。随着研究的不断深入，学者们综合考察了董事会成员在多个特征上的多样性对企业并购的影响。例如，Nguyen（2014）研究认为董事会的多元化会引发决策过程中的争执，降低企业发生并购行为的可能性，而且会影响并购绩效。李维安等（2014）根据不同的特征组合将董事会多元化分为职业多元化（即董事会成员教育背景、职业经历的多元化）与社会多元化（即董事会成员年龄、性别、民族的多元化），以考察不同类型的多元化对企业跨国并购的影响，研究发现这两种类型的多元化对跨国并购没有显著的影响。

第三，以社会网络理论为基础考察连锁董事对企业并购的影响。关于董事会的联结关系与企业并购的研究大多认为董事会成员的社会网络是企业获取信息与资源的重要渠道，学者们以此为基础考察董事会的社会网络关系对并购的影响。Haunschild（1993）借鉴组织模仿理论考察了美国上市公司的并购交易事件，研究发现通过董事会成员联结起来的企业之间在并购交易中存在相互模仿的现象，这些企业在并购目标、并

购类型、并购频率等方面有着很大的相似性。学者们进一步研究发现当
并购企业与目标企业之间有董事联结关系时，企业的并购绩效更好，而
且如果这种联结关系是由内部董事构建的，董事联结关系与长期并购绩
效的正相关关系更强（陈仕华，姜广省，卢昌崇，2013；Schonlau，
Singh，2009）。关于董事会的社会网络与并购溢价的关系，有学者研究
发现，董事联结能够为企业带来更多与并购相关的信息，有助于企业在
定价过程中获取优势，进而在并购中支付更低的溢价（Cai，Sevilir，
2012）。学者进一步研究发现董事在联结网络中的不同位置会影响其在
企业并购中的作用。Schonlau 和 Singh（2009）研究发现处于董事联结
网络中心位置的企业能够获取更多的信息和资源，从而在企业并购中获
得更多的财富。万良勇和胡璟（2014）同样发现我国上市公司独立董事
的网络中心度越高，企业越可能进行并购。

2.3 文献述评

通过对上述关于群体断裂带与企业并购的相关文献进行的回顾与梳
理，本书发现现有研究存在如下问题：

首先，对于群体断裂带的现有研究，虽然将群体断裂带划分为关系
型群体断裂带与任务型群体断裂带，但是这些研究仅仅考察了某一种类
型的群体断裂带在群体中的影响。近年来部分学者考察了同一情境下不
同群体断裂带对群体决策的影响，然而这些研究将两种类型的断裂带完
全割裂开来，以社会认同理论为基础考察关系型群体断裂带的影响，以
信息加工理论为基础考察任务型群体断裂带的影响。现有研究忽视了两
种类型的群体断裂带在内在作用机制上的联系，因此需要提出一个理论
框架将关系型群体断裂带与任务型群体断裂带同时纳入其中，以深入剖
析群体断裂带对群体决策与产出的影响。

其次，虽然学术界对董事会与企业并购的关系进行了大量的研究并
取得了很多成果，但是这些研究或将董事会作为一个整体考察其正式结
构对企业并购的影响，或将董事会作为一个由董事简单加总组成的群体
研究其成员特征或网络关系在并购中的作用。这些研究虽然从一定程度

上解释了董事会对企业并购的影响，但是却忽视了董事会作为一个群体其内部的子群体也是影响董事会决策的重要因素。已有研究表明，董事会成员根据其身份等相似特征的聚合在其内部形成明显的子群体分割。这种子群体分割对董事会内部的信息共享和决策协调都有着显著的影响。因此考察董事会子群体在企业并购中的作用有助于增进人们对企业并购的认识。

3 理论基础与理论分析

3.1 理论基础

3.1.1 社会认同理论

社会认同理论（social identity theory）作为一种社会心理学理论，最早由 Tajfel 和 Billing（1971）提出，并由 Tajfel 和 Turner（1979）进一步发展而来。Tajfel（1972）将"社会认同"定义为"个体知道自己属于某一社会群体，并且这一群体成员的身份能够为个体带来某些情感与价值"。Tajfel 和 Turner（1985）研究指出，个体倾向于按照不同的特征属性将自己和他人分为不同的社会类别，例如，宗教信仰、年龄、性别等。Hogg（2007）认为个体进行社会分类的主要动机是为了减少不确定性。个体常常对其所处的世界（特别是对自己应该怎么做以及他人将怎么做）感到不确定，而这种不确定性令人感到不安甚至厌恶。这种不确定性使得个体想要以有效的方式对行为进行预测和计划变得困难。因此人们试图通过各种方法减少他们在感知、态度、感觉和行为上的不确定性。如果个体对反映自我或与自我相关的事物感到不确定，例如个体对"我是谁""我如何与他人相处""我在社会中的地位"等没有清晰的认知，那么个体就会特别有动力减少不确定性（Hogg，2012）。社会分类在减少不确定性方面特别有效，因为它向个体提供了将如何做和应该怎么做以及如何与他人互动的群体原型（Ashforth，Mael，1989）。社会分类可以通过两种方式发挥作用：首先，社会分类从认知的角度对社会环境进行划分和排序，为个体提供了一种系统的方式来定义他人，而个体也被赋予了他或她被归入类别的典型特征（Hamilton，1981）。其次，社会分类使个体能够在社会环境中明确地定位或定义自己。自我概念（self-concept）由包含特质特征（如身体属性、能力、心理特征、兴趣）的个人身份和包含群体分类的社会身份共同组成。社会认同是对某种人类集合体的同一性或归属性的感知（Abrams，Hogg，2010）。个体用其归类的群体来定义自己，并且认为自己是其所属群体的实际或象征性的成员，进而将群体的命运视为自己的命运。因此，社会认同理论认为无论是以人口统计特征为基础形成的群体还是以任务为导向的群体，都能够为其中的成员提供共同的身份属性，以规定或评价他们是谁，他们应该相信什么，以及他们应该怎么做（Hogg，2012）。

社会认同理论认为个体不仅需要通过社会分类将自己归类于某一特定社会群体，还需要确保自己所属的群体是积极独特的，即自己所属的群体明显不同于相关的外部群体，并且要得到比其他相关外部群体更好的评价。学者研究指出，追求积极的社会认同反映了人类自我提升与保护自尊的基本动机（Rubin，Hewstone，1998）。为了增强自尊并且获取积极的社会认同，群体成员不断地进行社会比较，努力寻求自身和参照群体之间的积极差异（Tajfel，1978，1981；Smith，1983）。这就导致群体间关系的一个最显著的特征，即群体及其成员竭尽全力保护或宣传他们认为"我们"比"他们"更好的信念。成员努力争取积极的群体间独特性，因为自我在群体中被定义和评价，群体的地位、声望和社会价值也满足了个体自身的自尊需求（Ellemers，1993）。群体间的行为实际上是对一个人在群体中的相对地位或声望的斗争。地位较高的群体有权保护他们的评价优势；地位较低的群体努力摆脱他们的社会污名，提高他们的积极性（Hogg，Abrams，1987）。

社会认同理论（social identity theory）认为社会分类形成的群体内部和群体之间有着不同的行为模式。群体内部成员在价值观、信念、职业经历、教育背景等各种属性特征上具有相似性（Lim，Busenitz，Chidambaram，2013）。相似的群体成员之间由于相似的特征属性更容易认可彼此，彼此之间的沟通交流更为顺畅，有利于增强彼此之间的信任感，因此这些成员逐渐形成子群体（Horwitz，Horwitz，2007；Van Knippenberg，De Dreu，Roman，2004）。在各个属性特征上存在差异的个体，由于这些差异个体之间难以达成共识从而产生矛盾与冲突，阻碍成员之间的沟通，更容易激活这些个体之间的刻板印象，产生隔阂甚至误解（Thatcher，Jehn，Zanutto，2003）。学者研究指出，一旦个体发现自己与他人在某些特征上具有相似性便会将自己与其归入同一群体，以此作为自己所属的内群体与外群体之间的边界并且坚守这一边界（Hogg，Terry，2000）。在形成这种子群体划分之后，个体会对内群体与外群体进行比较，而且在比较中突出内群体的优势与特长，对自己所属的子群体内部成员给予积极的正面评价，同时对外群体成员作出消极的负面评价，并且在重要的维度上夸大子群体间的差别（Brewer，1979；Tajfel，1978）。个体从对内群体的积极评价中得到更高的声望以满足自身的自尊需求，同时进一步加深内群体成员间的信任和凝聚力以及对其他外群体的偏见与歧视（Linnehan，Chrobot-Mason，Konrad，2006）。个体对内群体与外群体的社会比较加强了内群体成员之间的相互认同，减少了成员之间的矛盾与冲突。但是对于外群体而言，社会比较与积极区分则增强了内群体与外群体之间的偏见与敌意（Dahlin，Weingart，Hinds，2005）。

3.1.2　分类-加工理论

已有研究表明，多样化的团队中具有不同特征属性的成员能够为团队提供异质化的信息、知识、认知方式等资源（van Ginkel，van Knippenberg，2008）。从整体来看，多样化团队比同质化团队拥有更多的信息资源。但是关于群体决策的研究表明，多样化团队常常无法有效地充分利用他们所拥有的这些资源（Hinsz，Tindale，Vollrath，1997；Kerr，Tindale，2004）。Van Knippenberg 等（2004，2010）提出的分类-加工理论模型（the Categorization-Elaboration Model）整合了社会分类视角与信息加工视角来探讨多样化团队的决策过程。分类-加工理论指出，群体中的社会分类与信息加工共同决定了群体决策质量与群体产出。与以往单独从社会分类视角或信息加工视角考察群体决策的研究不同，该模型理论更加强调群体决策中社会分类对信息加工过程的影响（Van Knippenberg 等，2010；Homan 等，2008）。

分类-加工理论指出，复杂的决策尤其是具有高度不确定性的决策需要决策团队进行大量的信息共享，提出不同的观点与替代方案，并且进行有建设性的讨论，这一过程被称作信息加工，是影响群体决策结果的重要因素（Van Knippenberg 等，2004；Vermue 等，2018）。具体而言，如果决策团队能够收集更多的信息，并对信息进行充分的讨论，探索更多的可能性，提出更多的可供选择的策略及方案，那么团队更可能作出高质量的决策为团队创造更大的价值（Rico 等，2007；Barkema，Shvyrkov，2007）。但是，有学者研究指出这一信息加工过程在群体中并不是自动发生的，尤其是在多样化的团队中（Stasser，1999；Van Knippenberg 等，2010）。这是因为多样化团队中成员的不同特征属性虽然为团队带来更多的异质化信息资源，但是这些资源在团队中的分布是不对称的，即不同的成员掌握着不同的信息、知识、认知方式等资源，并不是全体成员共同享有这些资源（Stasser，Birchmeier，2003；Dick 等，2008；Kooij-de Bode 等，2010）。因此多样化团队的决策过程需要调动这些信息资源，将不同成员的独特信息尤其是与决策任务相关的信息和资源在团队内部进行分享，并且对其进行充分的、建设性的讨论与整合，最终才能作出高质量的决策（Li，Zhang，2010；Cooke 等，2000）。

分类-加工理论认为团队中的信息加工过程会受到社会分类的影响（Chattopadhyay，Tluchowska，George，2004）。社会分类是多样化团队由于成员之间的差异而产生的子群体分化（Pichler，Varma，Budhwar，

2012；Jetten 等，2017）。社会分类理论指出，当团队中出现子群体分化时，子群体之间可能会产生群际偏见（Rico 等，2005；van Knippenberg 等，2011）。群际偏见是群体中不同子群体之间的一种相互对立的状态，其结果是在团队中形成沟通壁垒，阻碍不同子群体之间的沟通与交流，并且阻碍团队成员之间的信息交换、讨论与整合（Chrobot-Mason 等，2009；Chung 等，2015）。

具体而言，群际偏见对信息加工过程的影响主要体现在以下三个方面：第一，群际偏见激发了子群体之间的不信任与对立，导致子群体之间互动减少，交流氛围紧张，团队成员之间难以进行认知资源的互换（Li，Hambrick，2005；Barkema，Shvyrkov，2007）。与较强的群际偏见相比，较弱的群际偏见有助于增强子群体间的相互理解和相互信任，成员能够感知到团队作为一个整体是安全的，可以承担人际风险并且容忍错误和失败（Bechtoldt 等，2010；Homan 等，2007），减轻他们寻求或提供新信息时对来自其他子群体的不信任、误解甚至批评的担心（Qu，Liu，2017；Ndofor，Sirmon，He，2015）。第二，群际偏见的产生导致内群体成员总是带有偏见地感知外群体成员提供的信息与资源（Tajfel，1982；Hutzschenreuter，Horstkotte，2013），他们倾向于贬低其他子群体的知识与观点（Hogg，Terry，2000；Qu，Liu，2017）。由于无法客观认知与分析外群体的信息，多样化群体难以针对决策内容进行批判性讨论，因此无法利用异质性的信息（Tuggle，Schnatterly，Johnson，2010；Dennis 等，2015）。第三，群际偏见加剧了子群体之间的不信任与对立，激发团队内部的情绪冲突，导致团队成员在与任务无关的问题上产生分歧（Li，Hambrick，2005；Pearsall，Ellis，Evans，2008）。这种情况下团队的注意力会从与任务相关的问题上转移到与任务无关的问题上，消耗团队成员的时间与精力，提高了团队处理复杂任务的困难程度（Jehn，1995；Hutzschenreuter，Horstkotte，2013）。此外由于不同的子群体之间难以认可彼此的观点，使得团队在达成共识和解决问题方面存在困难，导致团队的决策效率下降（Horwitz，Horwitz，2007；Qu，Liu，2017）。

综上所述，群际偏见会加剧多样化团队中的信息不对称，破坏团队的信息加工过程，降低团队的决策质量。

　　群际偏见大多发生在异质性团队中，但是已有研究表明，并不是所有存在差异的团队都会存在群际偏见（Nesdale，Mak，2003）。社会分类（social categorization theory）是个体以某些共享相似性为基础将自己与他人划分进入不同群体的主观过程（Dovidio，Gaertner，2010）。已有研究认为个体往往会基于一定的线索进行社会分类，不同的分类线索会导致群体中出现不同的社会分类进而形成不同的子群体（Wilson等，2008；Carton，Cummings，2012）。关于群体多样性的研究表明，与社会身份相关的个体特征和与信息处理相关的个体特征之间存在着显著的差异，而这种差异是影响群体关系与群体行为的重要因素（Bezrukova等，2009；Choi，Sy，2010；Hutzschenreuter，Horstkotte，2012；Phillips等，2004；Sawyer，Houlette，Yeagley，2006）。因此Carton和Cumming（2012）在多样性研究的基础上提出了两种不同的子群体类型：以身份为基础的子群体（identity-based subgroup）和以知识为基础的子群体（knowledge-based subgroup）。在工作群体中以身份为基础的子群体往往是基于一些易于识别的特征（例如，年龄和性别）形成的，群体成员根据这些特征决定哪些成员和自己属于同一子群体，而哪些成员属于其他子群体（Harrison，Klein，2000）。已有研究认为以身份为基础的子群体内部成员之间拥有相同的社会身份或者拥有一些相似的其他特征表明他们拥有相似的价值观（Hogg，Terry，2000）。以知识为基础的子群体则是根据成员的教育背景、工作经验等与知识、技能相关的特征划分而成的，子群体内部成员之间往往掌握相同或相似的技术语言以及解决问题的方式（Carton，Cummings，2012；Richard，Wu，Markoczy，2019）。

　　多样化群体中根据不同的分类线索会形成不同类型的子群体，而不同类型的子群体根据其差异会产生不同的群际偏见进而对群体的信息加工过程产生不同的影响（Van Knippenberg等，2010；Isenhour等，2012）。对于以身份为基础的子群体，子群体内部有着相似的社会文化价值观和信仰，在此基础上子群体内部成员会产生一种共享的社会身份（social identity）（Richard，Wu，Markoczy，2019）。子群体之间在文化价值观上的差异导致不同子群体之间社会身份的差异（Bezrukova等，2009；Homan等，2007）。子群体之间的社会身份差异又会引发内群体偏见和组间不平等，因为子群体成员往往认为他们的内群体优于外群体，并且对内群体的偏爱显著高于外群体成员（Carton，Cummings，2012）。这种群体内的偏袒可能导致每个子群体中的个体感到他们受到其他子群体的歧视（Turner，1985；van Knippenberg等，2010）。因此，在群体中以身份为基础的子群体之间有着更强烈的群际偏见，子群体之间可能会经历更多的冲突和敌意，进而破坏群体中的信息加工过程（Bezrukova等，2009）。对于以知识为基础的子群体，群体成员处于各种认知资源和信息中（Harrison，Klein，2007；Copper，Patel，Thatcher，2014），虽然不同的子群体在知识结构、技能经验上存在差异，但是这种差异并不是导致子群体间偏见的主要原因（Carton，Cummings，2012；Van Knippenberg，De Dreu，Homan，2004）。以知识为基础的子群体更加重视其他子群体所能贡献的不同的知识、观点和资源，群体成员对彼此之间的差异抱有更加开放的态度，有助于降低彼此之间的抵触感和偏见程度（Chung等，2015；Horwitz，Horwitz，2007）。

3.1.3　群际接触理论

Allport（1954）最早提出了"接触假说"（contact hypothesis），认为群体成员之间的接触是减少偏见的有效途径之一。在此基础上学者不断研究并完善了这一假说，最终发展成群际接触理论（intergroup contact theory）。该理论指出，群际接触降低群际偏见主要是通过认知和情感两种途径来实现的（Pettigrew，Tropp，2008）。

从认知角度来看，学者研究认为，群际偏见产生的主要原因是不同群体成员之间缺乏了解。由于个体对其他群体成员不甚了解，个体只能根据一些易于识别的表层特征对其进行认知，因此更容易产生刻板印象，导致不同群体成员之间的偏见（Bunderson，2003；Joshi，Roh，2009）。群体之间的接触和互动可以增进不同群体成员之间的相互了解，有利于群体成员获取更多关于其他外群体的信息（Allport，1954；Pettigrew，Tropp，2008）。群体间的接触为群体成员提供了一种对外群体进行学习的途径，通过学习对外群体成员产生新的认知，这种新的认知有利于纠正群体成员对外群体的刻板印象（Allport，1954；Stephan，Stephan，1984）。群体成员之间的互动有助于群体成员掌握更多关于其他群体的相关信息，促进群体成员对其他外群体的了解，有利于个体绕开刻板印象更加深入地了解其他群体成员（Pettigrew，1998）。群际接触改变了群体之间的认知规范。学者研究发现，内群体成员与外群体成员之间积极的接触会促使内群体规范与外群体规范都更具包容性，从而改善子群体之间的关系（Gómez，Tropp，Fernández，2011；Turner等，2008）。

从情感角度来看，学者认为情感因素是影响群际接触与群际偏见的重要中介机制。群体成员之间的接触提高了个体之间的熟悉度，在此基础上群体成员更可能对其他外群体成员产生好感，以此抵消以往刻板印象带来的偏见（Turner等，2008）。群体间接触尤其是亲密接触可以使群体成员站在外群体成员的角度理解并认知，增强了群体成员对外群体成员的共情能力与同理心（Aron，Mclaughlin-Volpe，2001）。Pettigrew和Tropp（2008）关于群际接触中介的研究表明，不同群体之间的接触减轻了群体之间的焦虑，提高了不同子群体对彼此的接纳程度。因此，群体间接触可以通过减少对外群体成员的消极情感或者增加对外群体的积极情感来减少群体之间的偏见。

群际接触理论指出，群际接触改善群际关系的重要方式之一是影响群体之间的社会分类（Brewer，Brown，1998；Gaertner等，2016）。个体是否将他人视为内群体成员或外群体成员对他们如何看待他人、对他人的态度如何和如何与他人互动有着至关重要的影响（Dovidio，Gaertner，2010）。积极的群际接触有助于群体成员进行重新分类（recategorization），特别是在群体成员需要加强合作或者群体成员拥有共同目标的情境下（Dovidio等，2017；Gómez等，2011）。重新分类改变了群体中不同子群体之间的认知，将不同子群体成员之间原本的"我们vs.他们"（us vs. them）的分类认知转向更具包容性的"我们"（we）（Gaertner等，2016）。这种分类的变化增强了全部群体成员的共同身份感，促进群体成员对原本被归为外群体的成员产生更加积极的情感与态度（Eller，Abrams，2004）。

3.2 理论分析

3.2.1 群体断裂带与群体决策

早期关于群体多样性的研究有一个隐含的假设，即群体成员之间的差异会驱动群体中的社会分类，换言之群体成员之间的差异越大社会分类的状况也越明显（Turner 等，1987）。但是随着研究的不断深入，学者发现，这一假设并不是在任何情况下都成立的（Van Knippenberg，De Dreu，Homan，2004，2010）。学者研究发现，分类显著性（categorization salience）在很大程度上决定了多样化群体中是否产生社会分类的过程，即只有一个给定的类别在群体中足够显著时才能够影响成员的态度与行为（Crisp，Hewstone，2010）。比较契合度（comparative fit）反映了某一种分类引发的成员之间的相似程度与差异程度，是影响群体分类显著性的重要因素（Van Knippenberg，De Dreu，Homan，2010）。如果某一种分类能够更大限度地捕捉成员之间的相似性与差异性，则这种分类的显著性更高，群体中出现社会分类的可能性也更大。

群体断裂带是关于工作团队中子群体如何形成的理论，群体断裂带是存在于多样化群体中并将其划分为若干子群体的假想线（Lau，Murnighan，1998；Bezrukova 等，2009）。群体断裂带强度反映了群体中的比较契合度，群体断裂带强度越大，群体中基于这些特征形成的子群体界限越明显，子群体内部成员之间的相似性也就越高，群体中的比较契合度也就越高（Van Knippenberg，De Dreu，Homan，2010；Homan 等，2007）。例如，在由两名年轻男性与两名年长女性组成的工作群体中，存在一条基于年龄与性别的分界线，而且这条分界线两侧的成员具有较高的相似性即比较契合度较高，因此在这一工作群体中更可能出现社会分类进而产生分别由年轻男性与年长女性组成的子群体。

与群体多样性的研究相似，根据不同的特征属性组合，群体断裂带也可以被分为关系型群体断裂带与任务型群体断裂带。其中，关系型群体断裂带主要是根据影响人际关系的相关特征属性对群体进行划分，这些特征包括年龄、性别等人口统计特征。根据高阶理论，人口统计特征在一定程度上反映了个体的价值观（Hambrick，2007；Choi，Sy，2010），因此关系型群体断裂带划分的子群体之间在价值观上存在差异，子群体内部成员之间往往共享相同的价值观以及相同的身份认同（Hogg，Terry，2000；Cooper，Thatcher，2010）。任务型群体断裂带主要是根据影响个体完成工作任务的相关特征属性对群体进行划分，这些特征包括学历、任期、职业背景等（Richard，Wu，Markoczy，2019；Gibson，Vermeulen，2003）。这些特征为个体积累了不同的知识、信息、认知方式、思维模式、工作经验等，影响着个体完成工作任务的方式与效率（Crisp，Hewstone，2007；Chung，Jackson，2013）。这种类型的子群体是以与工作任务相关的知识为基础的（knowledge-based subgroup），群体成员更关注的是群体成员在完成工作任务的能力上的差异（Bezrukova等，2009；Chung等，2015）。

群体中不同类型断裂带激发群际偏见的程度存在差异，具体而言，与任务型群体断裂带相比，关系型群体断裂带更可能激发子群体之间的群际偏见，原因如下：

第一，关系型群体断裂带划分子群体的依据是年龄、性别等人口统计特征，这些特征属性是普遍存在且难以改变的（Milliken，Martins，1996；Hutzschenreuter，Horstkotte，2013）。个体的这些外在特征易于观察，群体成员可以根据这些特征快速找到与自己相似的其他个体形成子群体分类（Lau，Murnighan，1998；Dennis等，2015）。已有研究指出，根据人口特征在短时间内快速产生的社会分类会引发对其他具有不同特征的个体产生刻板印象进而引发不同子群体之间的群际偏见（Fiske，1995；Fiske，2002；Joshi，Roh，2009）。对于任务型群体断裂带，团队成员根据学历、任期、职业背景等进行子群体划分，子群体需要成员彼此进行交流之后才能相互了解，交流的过程可以降低不同子群体成员之间的刻板印象，因此基于此种分类方式形成的子群体之间的群际偏见也较低（Tajfel，1982；Hutzschenreuter，Horstkotte，2013）。

　　第二，根据已有研究，人口统计特征可以代表个体的价值观（Hogg，Terry，2000；Jiang等，2012），因此关系型群体断裂带划分的子群体之间的差异更多地体现在价值观层面（Richard，Wu，Markoczy，2019；DiTomaso，Bian，2018）。价值观很大程度上决定了个人认知世界的方式，拥有不同价值观的个体在对同一事件的认知上往往会产生冲突与矛盾（Carton，Cummings，2012；Bezrukova等，2009）。关系型群体断裂带划分的子群体之间在价值观上的差异会导致子群体之间的群际偏见（Chrobot-Mason等，2009；Ely，Thomas，2001）。任务型群体断裂带根据与任务相关的特征属性对成员进行划分，这些特征反映了成员在知识、技能、经验等方面的差异（Hutzschenreuter，Horstkotte，2013）。学者研究认为，这种划分方式会激发群体成员更加关注他们所能贡献的知识、观点与资源以及外群体成员拥有独特的知识资源（Chung，Jackson，2013；Chung等，2015）。这种情况下不同子群体成员在社会身份上的差异会被忽视，因此不同子群体成员之间的群际偏见会减弱（Carton，Cummings，2012；Van Knippenberg等，2004）。

　　第三，关系型群体断裂带涉及的分类特征与团队任务缺乏直接的联系，这些特征带来的异质化信息很难直接为团队任务的完成提供支持，因此群体成员对于这些特征的多样性往往缺乏更多的包容性（Chrobot-Mason等，2009；Lavelle等，2009）。与之相对应，任务型群体断裂带的分类依据是与团队任务直接相关的知识背景、认知方式、职业经验等，这些技术性的信息能够直接在团队任务的完成过程中发挥作用，因此团队成员更加认可这些特征的多样性能够带来的价值，减少对与自己不同的其他子群体的排斥感，降低子群体之间的群际偏见（Chung，Jackson，2013；Chung等，2015）。

　　综上所述，不同类型的群体断裂带对群体中的群际偏见有着不同的影响，继而对群体中的信息加工过程也有不同的影响。

　　在多样化团队中成员具有不同的特征属性，根据这些特征属性的不同组合群体中产生了不同的能够产生子群体分化的群体断裂带。关系型群体断裂带根据年龄、性别等人口统计特征在群体中划分出了在价值观上存在差异的若干子群体（Richard，Wu，Markoczy，2019）。价值观的不同激发了子群体之间的群际偏见，加剧了团队中的沟通障碍，阻碍了团队的信息加工过程，降低了团队的决策效率与决策质量（Carton，Cummings，2012）。任务型群体断裂带根据学历、任期、专业背景等与任务相关的特征属性划分的子群体在工作所需的知识、信息、经验等方面存在差异（Bezrukova等，2009）。与关系型群体断裂带不同的是，这些差异促使团队成员更加关注差异能够为团队决策作出的贡献，而关于子群体之间社会身份认同的冲突则会被忽视，因此子群体之间的群际偏见也相对较弱（Chung，Jackson，2013）。子群体之间强烈的群际偏见会阻碍团队的信息交换、讨论与整合，无法充分发挥多样化团队中信息资源的价值，不利于提高团队的决策质量。

3.2.2　群体断裂带与群际接触理论

群际接触理论（intergroup contact theory）指出，群体间的接触（intergroup contact）会影响群体之间的关系，具体而言群体间的接触有助于改善群体之间的关系（Allport，1954；Tredoux，Finchilescu，2009；Pettigrew，Tropp，2006）。在这一理论基础上，本书研究认为群体断裂带在群体决策中的作用会随着群体成员相处时间的延长而发生变化。根据分类-加工理论，群体断裂带对群体中子群体间群际偏见的影响是造成群体信息加工结果存在差异的重要原因（Van Knippenberg，De Dreu，Homan，2010）。有学者研究认为由差异性产生的群际偏见在群体成员任期的早期或者群体刚刚形成的过程中最为显著（Chatman，Flynn，2001）。这是因为在群体形成的早期或者群体成员刚刚加入的时候，每个成员对于其他成员的认知非常稀少，个体只能根据一些粗糙的、表层的特征例如年龄、性别等人口统计特征观察其他个体并且进行社会分类（Palled，1996；Bunderson，2003）。这种社会分类会激发群体成员对于一些与自身所属群体不同的其他群体产生刻板印象，进而在子群体之间出现群际偏见（Brewer，Miller，1984；Joshi，Roh，2009）。但是随着时间的推移，群体成员之间的接触增加，这种表层特征的差异在群体内部变得不再显著，或者说群体成员不再关注这些特征上的差异，因此最初属于不同子群体的成员之间对彼此的偏见随着成员之间的相处逐渐瓦解（Chatman，Flynn，2001；Sacco，Schmitt，2005）。群际接触理论指出，不同子群体成员之间的接触和互动可以增进不同子群体成员之间的相互了解，有利于成员获取更多关于其他子群体的信息，从而缓解子群体之间的偏见（Allport，1954；Pettigrew，Tropp，2008）。而且随着群体成员相处时间的增加，不同子群体之间的接触也增强了群体成员对外群体成员的共情能力与同理心（Aron，Mclaughlin-Volpe，2001），缓解了子群体之间的群际偏见。综上，由于群体中的群际偏见会随着时间的推移而减弱进一步也会影响群体的信息加工过程，因此时间是考察群体断裂带对群体决策影响时应该考虑的重要因素之一。

关于群际接触理论的研究指出，群体成员可以通过群际接触重新进行社会分类，改变群体最初的分类模式，重新确定其他个体与自己的所属类别（Gaertner等，2016）。学者进一步研究指出，群际接触对重新分类的影响在某些特殊的情境下更可能发生（Gómez等，2011）。例如，当群体成员需要加强合作或者群体成员拥有共同目标时，群体成员更可能将自己视为整个群体的成员而弱化自己小群体成员的身份（Dovidio等，2017；Dovidio，Gaertner，Validzic，1998）。学者认为在这种环境中，成员之间的依赖性增加，有利于分散成员对于子群体分类的注意力而更加关注群体成员共同的身份（Gaertner，Dovidio，2000）。当环境要求群体成员共同完成一个目标时，个体对外群体成员的刻板印象减弱，对外群体成员的评价更加积极，因此群体成员更倾向于跨越子群体边界成为一个整体（Islam，Hewstone，1993）。相互依赖会促进群体成员之间的接触，有利于不同子群体之间的关系向更和谐的方向转变（Pettigrew，1998）。因此，由于群体所处的环境不同，群体断裂带在群体中的社会分类可能发生变化，进而影响群体决策和群体产出。

4 董事会群体断裂带与企业并购战略选择

4.1 研究假设

4.1.1 董事会群体断裂带与企业并购战略选择

并购是可以帮助企业实现规模快速扩大的外延式成长方式（Greve，2008；Kim等，2011）。是否发起并购是企业并购交易流程中面临的第一个选择也是最重要的选择之一。由于信息不对称的普遍存在，企业的并购决策充满了复杂性与不确定性（Beckman，Haunschild，2002）。这就需要决策者收集更多的信息，探索更多的可能性，进行有建设性的讨论，考虑更多的观点与方案策略，以降低企业的并购风险，促进企业并购战略的实施（Haleblian等，2009；Gong等，2019）。

董事会作为企业的主要决策者在并购中发挥着重要的作用。董事会是一个由多个个体组成的群体，而且每个成员都是多个特征的集合体。根据社会认同理论，一个群体中拥有不同特征的个体更倾向于被与自己相似的其他个体所吸引（Lim，Busenitz，Chidambaram，2013）。相似的群体成员之间沟通更加顺畅，更能够产生信任感，从而逐渐在群体内部划分出若干子群体，即产生群体断裂带（Horwitz，Horwitz，2007；Van Knippenberg，De Dreu，Roman，2004）。同理，董事会内部会根据不同的特征组合产生群体断裂带将董事会划分为不同的子群体。根据现有研究，以不同的特征属性组合为基础可以形成不同类型的群体断裂带，具体而言，基于性别、年龄等人口统计特征形成的断裂带为关系型群体断裂带，基于学历、任期、职业背景等与工作任务相关特征形成的断裂带为任务型群体断裂带（Bezrukova等，2009；Carton，Cummings，2012）。不同类型的断裂带在董事会中产生的社会分类也有所不同，进一步影响董事会决策中的信息加工过程，最终对企业决策产生不同的影响（Richard，Wu，Markoczy，2019）。

董事会是企业并购的主要决策者，其所拥有的资源尤其是信息资源在并购决策中有着重要的作用（Schonlau，Singh，2009；万良勇，胡璟，2014）。董事会是由多个具有不同特征属性的个体组成的群体，多样化的董事会成员为企业带来了丰富的知识、信息、技能、经验等各种资源（Stasser，Birchmeier，2003；Brodbeck等，2007），但是董事会对这些资源的运用却会受到董事会中群体断裂带的影响。在多样化的董事会中成员根据不同的特征组合产生的群体断裂带将董事会划分为若干子群体（Van Peteghem，Bruynseels，Gaeremynck，2018）。根据已有研究，根据划分子群体的特征属性不同，董事会群体断裂带可以分为关系型群体断裂带与任务型群体断裂带。分类-加工理论以及群体断裂带相关理论指出，不同类型的群体断裂带可以通过激发子群体之间不同程度的群际偏见来影响董事会的信息加工过程最终对董事会决策产生不同的影响。

对于存在关系型群体断裂带的董事会，群体断裂带以能够反映个体价值观和社会关系的相关特征（例如，年龄、性别等）为依据划分子群体，不同子群体之间有着不同的文化价值观并进一步形成不同的身份认同（Hogg，Terry，2000；Jiang等，2012）。社会身份的差异激发了子群体之间的群际偏见，而且这种偏见会随着关系型群体断裂带强度的提高而增强（Turner等，1994；Chung等，2015）。这是因为关系型群体断裂带强度越高，董事会各子群体内部的相似性越高，子群体之间的界限越清晰，董事会成员能够更加明确地感知到自己与外群体成员的差异，进而提高子群体之间的偏见程度（Ely，Thomas，2001）。在董事会进行并购决策时，子群体之间的群际偏见会降低其决策质量。第一，群际偏见会降低子群体之间的沟通意愿，导致董事会成员之间难以进行资源的互换（Chrobot-Mason等，2009）。董事会不同子群体掌握着不同的信息，但是由于彼此之间的不信任与矛盾，子群体不愿将自身独有的资源与其他子群体共享，导致董事会无法利用足够多的信息进行分析与决策，最终错失并购机会。第二，群际偏见会导致子群体成员无法对其他子群体的信息产生正确的认知（Tuggle，Schnatterly，Johnson，2010）。由于群际偏见的存在，子群体总是对其他子群体抱有偏见，对于其他子群体提供的信息的价值有所怀疑，对其他子群体提出的观点进行驳斥，导致其他子群体的信息资源无法发挥其本身的作用，对并购信息的错误判断可能会使董事会无法准确地识别并购机会。第三，子群体之间的群际偏见增加了董事会决策的协调成本。不同的子群体之间难以认可彼此的观点，最终使得董事会在达成共识和解决问题方面存在困难，降低董事会的决策效率（Horwitz，Horwitz，2007；Qu，Liu，2017）。低效的决策过程使得企业无法及时捕捉有效的并购机会，降低了企业适应环境和快速调整战略的能力，最终降低企业发起并购的可能性（Robert，Wally，2003）。基于此，本章提出如下假设：

H4.1：董事会中关系型群体断裂带强度越高，企业发起并购的可能性越低。

董事会中的任务型群体断裂带根据与任务相关的特征（例如，教育背景、职业经历等）在董事会中激发的社会分类产生了以知识为基础的子群体（Bezrukova等，2009；Copper，Patel，Thatcher，2014）。这些子群体之间的差异主要体现在知识结构与工作技能等方面，对于与社会身份相关的差异则不被重视，这就削弱了董事会中的群际偏见（Carton，Cummings，2012；Van Knippenberg，De Dreu，Homan，2004）。群际偏见的弱化减少了董事会中子群体在分享独特信息、发表独特观点时的顾虑，董事会成员不需要担心自己发表的意见会因群际偏见而受到排斥或反对（Bechtoldt等，2010；De Dreu，Nauta，2009）。以知识为基础的子群体对差异化知识、信息等资源抱有更开放的态度，董事会成员将其他子群体当作能够提供独特知识的来源，因此更倾向于向其他子群体寻求信息（Hutzschenreuter，Horstkotte，2013）。不断增加的知识交流会促进董事会积极追求新颖且复杂的战略行动（Barkeman，Shvyrkov，2007），有助于董事会顺利地发起并购活动。随着任务型群体断裂带强度的提高，以知识为基础的子群体内部之间的相似性增强，高度的相似性增强了子群体成员间的凝聚力。子群体成员能够感知到其他成员会给予其支持，因此在董事会讨论中更加敢于发表意见与观点，这种积极的表达有利于激发董事会健康的讨论（Nemeth，Goncalo，2005）。在企业的并购决策过程中，任务型群体断裂带划分的子群体之间互相寻求彼此独特的知识，加强董事会中的信息交换，有助于董事会运用更多的信息去发现并购目标识别并购机会。子群体间健康的讨论促进董事会对多样化的信息进行更加有效的加工，充分识别并购中的风险，降低不确定性，有助于企业发起并购。基于此，本章提出如下假设：

H4.2：董事会中任务型群体断裂带强度越高，企业发起并购的可能性越高。

4.1.2 董事会任期的调节作用

董事会是由若干董事组成的对内掌管公司事务、对外代表企业的经营决策和业务执行机构。由于企业经营活动与战略决策的复杂性，董事会成员在工作过程中需要与其他成员相互合作，在这个过程中成员之间产生一定的接触。董事会任期反映了董事会成员一起工作的时间，随着董事会任期的增加董事会成员之间的接触越来越多。根据群际接触理论，群体之间的接触能够降低群际偏见、改善群体之间的关系（Tredoux，Finchilescu，2009）。因此本章以群际基础理论为基础进一步考察董事会任期在董事会群体断裂带与企业并购战略选择关系中的调节作用。

对于关系型群体断裂带，董事会任期缓解了关系型群体断裂带对企业并购战略选择的负向影响。关系型群体断裂带在董事会中划分出的子群体之间有着较强的群际偏见，而且这种群际偏见在董事会任期较短的情况下更加强烈。因为在董事会成员刚刚聚集在一起时，由于各位成员彼此之间缺乏了解，关系型群体断裂带划分的子群体之间对彼此的刻板印象更为深刻，所以子群体之间的偏见更强。但是随着时间的推移即董事会任期的增加，董事会成员之间的接触增多，根据群际接触理论，不同子群体之间的接触有助于增进董事会成员之间的了解，减弱了对彼此的刻板印象（Turner等，2008；Pettigrew，Tropp，2008）。就情感角度而言，长期的相处提高了董事会成员之间好感度，不同子群体成员之间的同理心更强，缓解了董事会中的消极情感（Hewstone，Voci，Vonofakou，2008）。因此根据分类-加工理论，随着董事会任期的增加，群际偏见对董事会信息加工过程的消极影响也随之减弱。对于企业并购战略选择决策而言，与任期较短的董事会相比，在任期较长的董事会中，由于董事会成员之间共事的时间较长，关系型群体断裂带引发的群际偏见被不同子群体之间的群际接触削弱，子群体之间具有更强的合作倾向，其信息沟通渠道也更加顺畅。群际接触缓解了子群体之间的消极关系，有利于促进董事会中的信息分享，增加了董事会在并购战略决策中可用的信息资源，也有利于提高董事会对相关信息进行加工的质量，最终缓解了董事会关系型群体断裂带对企业并购战略选择的消极影响。基于此，本章提出如下假设：

H4.3：董事会任期负向调节董事会关系型群体断裂带强度与企业并购战略选择的关系，具体而言，随着董事会任期的增加，企业董事会关系型群体断裂带强度与企业并购战略选择的负向关系减弱。

对于任务型群体断裂带，董事会任期的增加减弱了关系型群体断裂带对企业并购战略选择的积极影响。任务型群体断裂带在董事会中划分出的子群体更加注重彼此在信息资源等与工作任务相关的特征方面的差异（Bezrukova等，2009；Chung等，2015）。这些子群体之间不易产生刻板印象，而且董事会倾向于将彼此之间的差异作为获取信息的来源

（Chung，Jackson，2013；Chung，2015）。因此根据分类-加工理论，任务型群体断裂带促进了董事会中的信息共享，提高了董事会信息加工的质量。但是随着董事会任期的增加，任务型群体断裂带的积极作用会减弱。这是因为董事会成员相处时间的增加意味着董事会成员难以为群体决策提供更多具有异质性的信息。在董事会任期较短的情况下，任务型群体断裂带在董事会中不仅能够提高董事会信息加工质量，而且由于董事会成员在与任务相关的特征方面的差异，不同子群体成员能够为并购决策提供更多的信息，有利于董事会及时发掘并购机会。相比之下，在任期较长的董事会中，任务型群体断裂带划分的子群体之间可以进行信息的交流，但是由于董事会成员在一起共事时间较长，董事会成员变更小，导致董事会中成员结构僵化，较为固定的董事会成员构成难以为企业并购决策提供新的信息，不利于董事会发现并购机会、寻找合适的并购目标，因此影响企业选择并购战略的概率。基于此，本章提出如下假设：

H4.4：董事会任期负向调节董事会任务型群体断裂带强度与企业并购战略选择的关系，具体而言，随着董事会任期的增加，企业董事会任务型群体断裂带强度与企业并购战略选择的正向关系减弱。

4.1.3 行业竞争程度的调节作用

关于群际接触理论的研究指出，当群体所处环境有利于提高群体成员之间的相互依赖或者促进群体成员拥有共同目标时，群体成员更可能将自己视为整个群体的成员而弱化自己小群体成员的身份（Dovidio等，2017；Dovidio，Gaertner，Validzic，1998），进一步导致群体断裂带对群体决策产生的影响也有所不同（Joshi等，2011；Stewart，Amason，2017）。任何企业的生存与发展都是处于某个或某些行业中的，因此行业环境是企业决策无法忽视的环境因素。已有研究指出，行业竞争程度是影响企业经营与发展的重要市场力量（Luo，2003），因此本章考察了行业竞争程度对董事会群体断裂带与并购战略选择关系的调节作用。

行业竞争程度反映的是企业在其行业里面所面临的竞争压力程度。学者研究指出，随着行业竞争的加剧董事会面临更大的压力。行业竞缓解了企业的信息不对称，使得原本无法直接观测到的董事会能力和努力更容易被准确识别（Nalebuff，Stiglitz，1983）。因此在竞争激烈的行业中董事会面临更加严格的监督（Fee，Hadlock，2000）。此外，激烈的行业竞争也加剧了董事会面临的威胁，因为在充分竞争的市场中，企业的经营不善大大增加了企业被清算或被兼并可能性，而董事会成员则会在企业被清算或被兼并之后失去工作机会或声誉受损（Hubbard，Palia，1995）。董事会作为一个整体，在竞争激烈的行业中其成员拥有共同的目标即提高企业绩效、降低解雇风险（Karuna，2007）。为了更好地完成工作目标，董事会成员也会更加关注企业的目标和任务，增加彼此之间的依赖性（Hambrick，Humphrey，Gupta，2015），进一步影响董事会成员在决策中的行为。

企业所处行业的竞争程度会影响董事会群体断裂带与并购战略选择之间的关系。

首先，对于董事会关系型群体断裂带，由于关系型群体断裂带在董事会中划分出若干子群体，而这种划分方式会激发不同子群体之间的群际偏见，进而破坏董事会并购决策中的信息加工过程，导致企业无法及时发现并购机会从而降低企业发起并购的概率。因此，企业所处行业的竞争程度会影响董事会关系型群体断裂带激发的子群体之间的群际偏见。在竞争程度较高的行业中信息资源稀缺并且难以获得，企业面临的不确定性较高（Giachetti，Dagnino，2014），企业发现并购机会的难度增加。因此董事会成员需要将注意力从"我们vs.他们"的群际偏见转移到企业的任务上来，以确保企业在复杂的环境中完成生存发展的共同目标（Cooper等，2014；Rico等，2012）。高强度的行业竞争削弱了由关系型群体断裂带引发的群际偏见，缓解了不同子群体之间可能存在的矛盾与冲突，有利于增强董事会不同子群体之间的合作。激烈的行业竞争导致董事会不同子群体之间的界限被弱化，不同子群体成员对彼此的偏见也因巨大的竞争压力而减弱，从而有利于董事会成员抛开偏见在整个董事会中分享彼此所掌握的信息资源，增加董事会在并购决策中可用信息的数量。由于激烈的行业竞争，企业的信息资源匮乏，因此董事会成员所掌握的信息对并购决策尤为重要，董事会成员更倾向于对这些信息进行更加充分的加工，提高对信息的利用率，这有助于董事会及时发现并购机会。基于此，本章提出如下假设：

H4.5：行业竞争程度负向调节董事会关系型群体断裂带强度与企业并购战略选择的关系，具体而言，随着企业所处行业竞争程度的增强，企业董事会关系型群体断裂带强度与企业并购战略选择的负向关系减弱。

其次，对于董事会任务型群体断裂带，任务型群体断裂带在董事会中划分出若干子群体，这种划分方式不会激发子群体之间的群际偏见，而且由于信息资源的分布清晰董事会并购决策中的信息加工过程更为有效，因此有利于企业及时发现并购机会从而提高企业发起并购的概率。激烈的行业竞争增加了董事会全体成员共同完成有利于企业发展目标的动机，更加有利于增强董事会成员之间的合作倾向（Hambrick，Humphrey，Gupta，2015）。因此董事会成员会更加积极地与其他成员共享信息，增加董事会中可用于并购决策的信息资源，同时提高董事会成员信息加工的质量，增强任务型群体断裂带对企业并购战略决策的积极作用。基于此，本章提出如下假设：

H4.6：行业竞争程度正向调节董事会任务型群体断裂带强度与企业并购战略选择的关系，具体而言，随着企业所处行业竞争程度的增强，企业董事会任务型群体断裂带强度与企业并购战略选择的正向关系增强。

4.2 研究设计

4.2.1 样本选择与数据来源

由于我国上市公司自 2008 年才开始披露详细的董事会成员背景信息，因此本章选取 2008—2019 年我国沪深 A 股上市公司作为研究样本。为了检验董事会关系型群体断裂带和任务型群体断裂带对企业并购战略选择的影响，本章选择如下样本：首先，本章从国泰安数据库的"中国

上市公司治理结构研究数据库"的"治理综合信息"文件中获得
2008—2019年全部沪深A股上市公司数据；然后（由于金融类企业的
会计准则与非金融类企业存在很大的差异）为避免因此产生的偏差，本
章根据上市公司行业代码，剔除金融类上市公司数据，剩余样本即为检
验董事会群体断裂带与企业并购战略选择关系所用的研究样本。最终本
章样本由2 868家公司2008—2019年非平衡面板数据构成，共计23 561
个观测值。

　　本章研究数据主要来自国泰安数据库。具体而言，与上市公司并购
相关的数据来自国泰安数据库的"中国上市公司并购重组研究数据
库"，与上市公司董事会成员个人特征相关的数据主要来自国泰安数据
库人物特征系列中的"上市公司人物特征"数据库以及公司研究系列中
的"高管动态"数据库，与上市公司财务指标相关的数据来自国泰安数
据库的"财务报表"数据库、"财务指标分析"数据库等，与上市公司
治理相关的数据来自国泰安数据库的"中国上市公司治理结构研究数据
库"。为了确保样本数据的质量，本章对缺失数据进行手工补充与完
善，这部分数据主要来自巨潮资讯网（http：//www.cninfo.com.cn/new/
index）、新浪财经（https：//finance.sina.com.cn/）、和讯网（http：//www.
hexun.com/）、百度（https：//www.baidu.com/）等。

4.2.2　变量说明

　　（1）被解释变量。

　　本章被解释变量为企业并购战略选择（M&A）。根据已有研究
（Malhotra等，2018；陈仕华等，2015），本章以虚拟变量对这一变量进
行测量，如果企业当年发生并购，则取值为1，否则为0。对于企业是
否发生并购，本章根据国泰安数据库的"中国上市公司并购重组研究数
据库"中的"交易信息总表"进行判断，如果"交易信息总表"中包含
上市公司的并购交易信息，则判定该上市公司在当年发起了并购，否则
判定上市公司没有发起并购。

　　（2）解释变量。

　　本章解释变量为董事会关系型群体断裂带强度（relationship

faultline）与任务型群体断裂带强度（task-related faultline）。本章通过
Thatcher和Patel（2012）构建的Fau算式测量董事会群体断裂带的强度。
这一算法考察全体群体成员在多重特征属性上的差异能够在多大程度上
被子群体之间的差异所解释。Fau算式具体如下：

$$Fau_g = \frac{\sum_{j=1}^{p}\sum_{k=1}^{2} n_k^g \left(\overline{x_{.jk}} - \overline{x_{.j}}\right)^2}{\sum_{j=1}^{p}\sum_{k=1}^{2}\sum_{i=1}^{n_k}\left(x_{ijk} - \overline{x_{.j}}\right)^2}, g = 1, 2, \cdots, S$$

其中：x_{ijk}代表子群体k中第i个成员在第j种特征的值；$\overline{x_{.j}}$代表整
个团队在特征j上的平均值；$\overline{x_{.jk}}$代表子群体k在特征j上的均值；n_k^g代
表在第g个断裂带中第k个子群体中成员的数量，Fau取各可能的断裂
带的最大值。

由于Fau公式同时将类别变量与连续变量纳入计算，为保持各变
量之间的欧氏距离相等需要对类别变量进行重新编码、对连续变量重
标尺度，以降低两种不同类型变量之间的不可比性（Thatcher等，
2003；韩立丰，王重鸣，2010）。对于离散的类别特征变量，先将其
按照如下方式进行转换：当某一类别特征变量包括c种类型时，不同
于传统的变量处理方式（一般生成c-1个虚拟变量），这里应将特征变
量转换为c个变量。尽管类别特征变量经过虚拟变量转换，可以将其
看作连续变量。但是还存在一个单位标准化的问题（韩立丰，王重
鸣，2010）。根据现有研究，本章使用重标尺度解决这一问题：对于
类别特征变量转换成的虚拟变量，通过将每列虚拟变量除以$\sqrt{2}$，使
属于不同类别的个体之间的欧氏距离都为1。同样地，对连续特征变
量本章也重标尺度。根据现有研究，本章将年龄变量除以10，将行业
经验变量除以8（Thatcher，2003）。通过以上重新编码和重标尺度，
类别特征变量和连续特征变量就可以结合到基于欧氏距离思路的Fau
算式中。根据已有研究（Cooper等，2013；Bezrukova等，2009），本
章将根据年龄、性别等人口统计特征形成的群体断裂带定义为关系型
群体断裂带，将根据学历、任期、职业背景、是否独立董事等特征属
性形成的群体断裂带定义为任务型群体断裂带。其中，董事学历分为
博士研究生、硕士研究生（不包括MBA/EMBA）、MBA/EMBA、本科

大专以及中专及中专以下；董事会成员的任期为其截至统计截止时间在企业任职董事的自然年数；董事会成员的职业背景分为生产、研发、人力资源、管理、市场、金融财务、法律以及其他背景。最终本章将对应的特征变量带入 Fau 算式分别计算得出董事会关系型群体断裂带强度与任务型群体断裂带强度。

（3）调节变量。

本章第一个调节变量为董事会任期（board tenure）。根据已有研究（Kearney，Gerbert，2009；Bunderson，2003），本章采用全体董事会成员任职期限的平均值对董事会任期进行测量。

本章第二个调节变量为行业竞争程度（HHI）。根据已有研究，本章采用赫芬达尔指数（HHI）对行业竞争程度进行测量（Haushalter，Klasa，Maxwell，2007；陈信元等，2013）。该指数是通过行业内各企业主营业务收入占行业总主营业务收入的比重的平方和作为行业竞争程度的衡量，具体计算公式如下：

$$HHI = \sum_i \left(\frac{x_i}{X_i} \right)^2$$

其中：x_i 为上市公司 i 在目标年份的主营业务收入，X_i 为上市公司 i 所在行业在目标年份的总主营业务收入（Giroud，Mueller，2011）。根据赫芬达尔指数的计算公式，该指数的取值范围为 0~1，该指数值较小，则行业内企业的主营业务收入占行业总主营业务收入的比重较小，表明行业内市场集中度较小，各企业面临着较为激烈的行业竞争；该指数值较大，则行业内市场集中度较高，垄断程度较高，行业内企业面临的竞争不激烈。

（4）控制变量。

根据已有研究，本章控制了可能影响企业并购战略选择的其他变量。

第一，根据已有研究，本章控制了企业层面的特征变量（Malhotra 等，2018；Cuyper，Cuyper，Martin，2017），具体包括：企业规模（firmsize），通过企业员工总数的自然对数来测量；企业资产负债率（leverage），通过企业总负债与总资产的比值来测量；企业盈利能力

（ROA），通过经行业调整的企业资产收益率来测量；企业自由现金流（cash），通过企业自由现金流与总资产的比值测量；企业成长性（growth），通过企业当年收入与前一年收入之差与前一年收入的比值来测量；企业大股东持股（shareholder），通过企业前十大股东持股比例总和来测量；企业性质（SOE），该变量为虚拟变量，当企业为国有企业时取值为1，否则为0。

第二，根据已有研究，本章控制了董事会层面的变量（Shi，Zhang，Hoskisson，2017），具体包括：董事长与CEO两职合一（duality），该变量为虚拟变量，当董事长同时兼任CEO时取值为1，否则为0；董事会规模（boardsize），通过董事会总人数来测量；董事会独立性（independence），通过董事会中外部董事所占比例来测量。最后本章还控制了行业（industry）及年份（year）虚拟变量。其中，对于行业虚拟变量，本章以中国证监会颁布的《上市公司行业分类指引》（2012年版）为标准，制造业采用二级代码分类，其他行业采用一级代码分类。本章参考已有研究将企业层面控制变量滞后一期，同时为了剔除极端值对回归结果的影响，对所有连续变量进行上下1%的缩尾（winsorize）处理（Steinbach 等，2017）。

上述变量符号与说明见表4-1。

表4-1　　　　　　　　　　变量符号与说明

	变量	符号	说明
解释变量	董事会关系型群体断裂带强度	relationship faultline	以董事会成员年龄、性别为基础，根据Fau算式计算的群体断裂带强度
	董事会任务型群体断裂带强度	task-related faultline	以董事会成员学历、任期、职业背景、是否独立董事为基础，根据Fau算式计算的群体断裂带强度
被解释变量	企业并购决策	M&A	虚拟变量，如果企业发生并购，则取值为1，否则为0

续表

	变量	符号	说明
调节变量	董事会任期	board tenure	全体董事会成员任职期限的平均值
	行业竞争程度	HHI	赫芬达尔指数，行业内各企业主营业务收入占行业总主营业务收入的比重的平方和
控制变量	企业规模	firmsize	企业员工总数的自然对数
	企业资产负债率	leverage	企业总负债与总资产的比值
	企业盈利能力	ROA	经行业调整的企业资产收益率
	企业自由现金流	cash	企业自由现金流与总资产的比值
	企业成长性	growth	企业当年收入与前一年收入之差与前一年收入的比值
	企业大股东持股	shareholder	企业前十大股东持股比例总和
	企业性质	SOE	虚拟变量，如果企业为国有企业则取值为1，否则为0
	董事长与CEO两职合一	duality	虚拟变量，如果董事长同时兼任CEO则取值为1，否则为0
	董事会规模	boardsize	董事会总人数
	董事会独立性	independence	董事会中外部董事所占比例
	行业	industry	行业虚拟变量
	年份	year	年份虚拟变量

资料来源：作者整理。

4.2.3　研究模型

为了检验董事会群体断裂带对企业并购决策的影响，本章建立如下模型：

M&A=relationship faultline+Control+ε

M&A=task-related faultline+Control+ε

其中：M&A 为企业并购战略选择变量，relationship faultline 为董事会关系型群体断裂带强度，task-related faultline 为董事会任务型群体断裂带强度。Control 为控制变量，具体包括：企业规模（firmsize）、企业资产负债率（leverage）、企业盈利能力（ROA）、企业自由现金流（cash）、企业成长性（growth）、企业大股东持股（shareholder）、企业性质（SOE）、董事长与 CEO 两职合一（duality）、董事会规模（boardsize）、董事会独立性（independence）、行业（industry）及年份（year）。

为了检验董事会任期对董事会群体断裂带与企业并购决策关系的调节作用，本章建立如下模型：

M&A=relationship faultline+board tenure+relationship faultline×board tenure+Control+ε

M&A=task-related faultline+board tenure+task-related faultline×board tenure+Control+ε

其中：board tenure 为企业董事会任期。该模型在主假设检验模型基础上加入了调节变量（board tenure）以及解释变量与调节变量的交乘项（relationship faultline×board tenure，task - related faultline×board tenure）。

为了检验行业竞争程度对董事会群体断裂带与企业并购决策关系的调节作用，本章建立如下模型：

M&A=relationship faultline+HHI+relationship faultline×HHI+Control+ε

M&A=task-related faultline+HHI+task-related faultline×HHI+Control+ε

其中：HHI 为企业所在行业的竞争程度。该模型在主假设检验模型基础上加入了调节变量（HHI）以及解释变量与调节变量的交乘项（relationship faultline×HHI，task-related faultline×HHI）。

4.3　实证结果与分析

4.3.1　描述性统计与相关性分析

表4-2给出了检验董事会群体断裂带与并购战略决策关系所用样本的描述性统计结果。通过表4-2可以看出，在全部研究样本中，发生并购的观测样本占全部样本的34.4%。董事会关系型群体断裂带强度（relationship faultline）均值为0.686，最大值为0.916，最小值为0.453，标准差为0.0978，任务型群体断裂带强度（task-related faultline）均值为0.616，最大值为0.931，最小值为0.344，标准差为0.137，表明董事会中关系型群体断裂带强度与任务型群体断裂带强度均存在一定程度的差异。

表4-2　　　　董事会群体断裂带与企业并购战略选择关系
研究样本描述性统计

变量	样本量	均值	标准差	最小值	中位数	最大值
M&A	23 388	0.344	0.475	0	0	1
relationship faultline	22 922	0.686	0.0978	0.453	0.687	0.916
task-related faultline	16 352	0.616	0.137	0.344	0.613	0.931
board tenure	21 967	3.822	2.206	0.418	3.370	11.907
HHI	20 464	0.126	0.112	0.0189	0.0843	1
firmsize	23 549	7.635	1.382	3.332	7.644	11.16
leverage	21 428	1.490	1.286	0	1.110	9.500
ROA	23 549	0.035	0.066	−0.289	0.034	0.211
cash	23 559	0.043	0.078	−0.215	0.043	0.261

续表

变量	样本量	均值	标准差	最小值	中位数	最大值
growth	23 549	0.194	0.606	−0.660	0.089	4.575
shareholder	23 464	0.576	0.165	0.210	0.583	0.931
SOE	23 464	0.453	0.498	0	0	1
duality	23 549	0.226	0.418	0	0	1
boardsize	23 549	8.740	1.834	5	9	18
independence	23 453	0.372	0.0527	0.333	0.333	0.571

资料来源：根据stata统计结果整理。

表4-3给出了研究董事会群体断裂带与企业并购战略选择关系所用样本各变量之间的相关性检验结果。通过表4-3可以看出，董事会关系型群体断裂带强度（relationship faultline）与企业并购战略选择（M&A）的相关系数为−0.008，虽然方向与研究假设一致，但未能达到10%的显著性水平，董事会任务型群体断裂带强度（task-related faultline）与企业并购战略选择（M&A）的相关系数为0.015，方向与研究假设一致，但未能达到10%的显著性水平。同时相关性检验结果表明各变量之间的相关系数均小于0.5，表明各变量之间不存在多重共线性。为了进一步测试相关性较高的变量是否对实证结果有重要影响，本章进行方差膨胀因子测算，各变量的VIF值介于1.00到1.58之间，远低于10，说明本章回归模型不存在严重的多重共线性问题。

4.3.2　回归结果

关于董事会群体断裂带对企业并购决策影响的检验，由于被解释变量企业并购战略选择（M&A）为虚拟变量，根据Hausman检验的结果，本章选择Logit模型的固定效应进行回归分析（Malhotra等，2017）。表4-4给出了关于董事会群体断裂带与企业并购战略选择的实证分析结

表4-3　董事会群体断裂带与企业并购战略选择关系研究样本变量相关性检验结果

	1	2	3	4	5	6	7	8	9	10	11	12	13	14
1.M&A	1													
2.relationship faultline	-0.008	1												
3.task-related faultline	0.015	-0.034**	1											
4.board tenure	0.013*	-0.031**	0.437**	1										
5.HHI	-0.001	0.025**	0.021*	-0.014*	1									
6.firmsize	0.047**	0.011	0.102**	0.116**	0.068**	1								
7.leverage	-0.008	-0.004	-0.008	-0.001	-0.006	0.008	1							
8.ROA	0.009	-0.013	0.005	0.005	-0.002	-0.021**	0	1						
9.cash	-0.007	0.003	-0.003	-0.001	0.016*	0.024**	-0.007	0.004	1					
10.growth	0.065**	0.003	-0.036**	-0.059**	0.005	-0.022**	-0.008	-0.010	-0.005	1				
11.shareholder	-0.007	0.008	-0.097**	-0.165**	0.042**	0.185**	-0.007	-0.003	0.036**	0.080**	1			
12.SOE	-0.072**	-0.024**	-0.006	0.007	-0.006	0.223**	0.003	-0.006	0.002	-0.036**	-0.043**	1		
13.duality	0.011	-0.005	-0.014	-0.036**	-0.012	-0.084**	-0.006	-0.004	-0.004	0.004	0.043**	-0.282**	1	
14.boardsize	0.005	-0.062**	-0.018*	0.049**	0.015*	0.240**	0.009	-0.015*	0.016*	-0.003	0.028**	0.238**	-0.153**	1
15.independence	0.007	0.051**	0.016	-0.024**	0.010	-0.003	0.023**	0.004	-0.013*	0.009	0.041**	-0.047**	0.090**	-0.348**

注：*，**分别代表5%，1%的显著性水平。

资料来源：根据stata相关性检验结果整理。

果。模型1为以并购战略选择（M&A）为被解释变量且仅包含控制变量的基准模型。模型2—模型4考察了董事会关系型群体断裂带与任务型群体断裂带对企业并购战略选择的影响。模型2在基准模型的基础上引入了董事会关系型群体断裂带强度（relationship faultline），结果显示关系型群体断裂带强度（relationship faultline）的回归系数显著为负（系数为-0.462，在5%的显著性水平上显著），这一结果表明随着董事会关系型群体断裂带强度的提高，企业选择并购战略的可能性会减小，与本章假设H4.1保持一致。模型3在基准模型的基础上引入了董事会任务型群体断裂带强度（task-related faultline），结果显示任务型群体断裂带强度（task-related faultline）的回归系数显著为正（系数0.333，在10%的显著性水平上显著），这一结果表明随着董事会任务型群体断裂带强度的提高，企业选择并购战略的可能性也会增加，与本章假设H4.2保持一致。模型4在基准模型的基础上引入了董事会关系型群体断裂带强度（relationship faultline）与任务型群体断裂带强度（task-related faultline），结果显示关系型群体断裂带强度（relationship faultline）的回归系数显著为负（系数为-0.615，在5%的显著性水平显著），任务型群体断裂带强度（task-related faultline）的回归系数显著为正（系数为0.335，在10%的显著性水平上显著），这一结果表明董事会中的关系型群体断裂带与企业并购选择之间存在负相关关系，而任务型群体断裂带与企业并购之间存在正相关关系，与本章假设H4.1和假设H4.2保持一致。

表4-5为董事会任期与行业竞争程度对董事会群体断裂带与企业并购战略选择（M&A）关系的调节作用的回归分析结果。模型1—模型3考察了董事会任期的调节作用。其中，模型1在基准模型的基础上引入董事会关系型群体断裂带强度（relationship faultline）、董事会任期（board tenure）以及董事会关系型群体断裂带强度（relationship faultline）与董事会任期（board tenure）的交乘项（relationship faultline×board tenure），结果显示交乘项（relationship faultline×board tenure）的回归系数显著为正（系数为0.135，在5%的显著性水平显著），该回归结果表明董事会任期减弱了董事会关系型群体断裂带强度对企业并购战

表4-4 董事会群体断裂带强度与
企业并购战略选择（M&A）的回归结果

	模型 1	模型 2	模型 3	模型 4
	M&A			
relationship faultline		−0.462**		−0.615**
		(0.233)		(0.293)
task-related faultline			0.333*	0.335*
			(0.191)	(0.193)
firmsize	0.066**	0.076**	0.152***	0.154***
	(0.031)	(0.031)	(0.042)	(0.042)
leverage	−0.007	−0.007	−0.002	−0.002
	(0.005)	(0.005)	(0.005)	(0.005)
ROA	0.008	0.008	0.021	0.022
	(0.032)	(0.032)	(0.056)	(0.059)
cash	0.211	0.207	0.424	0.448
	(0.195)	(0.198)	(0.318)	(0.321)
growth	0.087***	0.087***	0.117***	0.115***
	(0.028)	(0.029)	(0.038)	(0.039)
shareholder	0.381*	0.361	−0.082	−0.080
	(0.226)	(0.229)	(0.291)	(0.294)
SOE	−0.174	−0.158	−0.200	−0.180
	(0.144)	(0.145)	(0.201)	(0.204)
duality	0.082	0.063	0.113	0.080
	(0.065)	(0.066)	(0.080)	(0.081)
boardsize	0.010	0.011	0.021	0.019
	(0.020)	(0.020)	(0.024)	(0.025)
independence	0.171	0.035	0.087	−0.042
	(0.554)	(0.563)	(0.712)	(0.724)
industry	yes	yes	yes	yes
year	yes	yes	yes	yes
N	16 327	15 968	10 699	10 469
χ^2	79.02	80.85	100.28	102.43

注：括号中为标准误，*、**、***分别代表10%、5%、1%的显著性水平。

资料来源：根据stata回归结果整理。

表4-5　董事会任期与行业竞争程度对董事会群体断裂带与企业并购战略选择（M&A）关系调节作用的回归结果

	M&A					
	模型 1	模型 2	模型 3	模型 4	模型 5	模型 6
relationship faultline	-0.681*		-1.288**	-0.138*		-0.152*
	(0.359)		(0.519)	(0.288)		(0.342)
task-related faultline		0.677**	0.891***		0.617***	0.416*
		(0.315)	(0.320)		(0.239)	(0.243)
board tenure	-0.111**	0.146***	0.038			
	(0.047)	(0.047)	(0.096)			
relationship faultline×board tenure	0.135**		0.217*			
	(0.068)		(0.121)			
task-related faultline×board tenure		-0.197***	-0.217***			
		(0.068)	(0.069)			
HHI				1.731*	1.515*	1.972*
				(0.928)	(0.816)	(1.185)
relationship faultline×HHI				-2.166*		-1.246
				(1.285)		(1.333)

续表

	模型 1	模型 2	模型 3	模型 4	模型 5	模型 6
task-related faultline×HHI					-1.953* (1.173)	-2.048* (1.183)
firmsize	-0.011 (0.032)	0.058 (0.040)	0.086** (0.039)	0.058* (0.032)	0.078* (0.044)	0.035 (0.044)
leverage	0.314** (0.160)	0.596*** (0.194)	0.603*** (0.193)	0.570*** (0.175)	1.017*** (0.222)	1.037*** (0.226)
ROA	-0.005 (0.021)	-0.006 (0.024)	-0.005 (0.024)	0.032 (0.026)	0.055 (0.049)	0.058 (0.047)
cash	-0.028 (0.066)	-0.016 (0.055)	-0.017 (0.059)	0.436* (0.226)	0.828** (0.329)	0.844** (0.334)
growth	0.133*** (0.030)	0.142*** (0.036)	0.136*** (0.036)	0.089** (0.031)	0.091** (0.040)	0.105** (0.040)
shareholder	0.405* (0.233)	0.326 (0.281)	0.404 (0.279)	0.095 (0.238)	-0.140 (0.302)	0.073 (0.305)
SOE	-0.192 (0.142)	-0.352* (0.183)	-0.379** (0.182)	-0.146 (0.156)	-0.308 (0.217)	-0.247 (0.219)

续表

	模型 1	模型 2	模型 3	模型 4	模型 5	模型 6
duality	0.079	0.102	0.071	0.133**	0.158*	0.126
	(0.065)	(0.075)	(0.075)	(0.067)	(0.081)	(0.082)
boardsize	0.051**	0.056**	0.050**	0.021	0.028	0.035
	(0.020)	(0.024)	(0.023)	(0.020)	(0.025)	(0.025)
independence	−0.158	0.126	0.102	0.217	0.519	0.333
	(0.562)	(0.669)	(0.675)	(0.573)	(0.709)	(0.722)
industry	yes	yes	yes	yes	yes	yes
year	yes	yes	yes	yes	yes	yes
N	16 322	11 846	11 607	15 304	10 517	10 308
χ^2	271.943	228.848	149.863	53.29	104.56	175.15

注：括号中为标准误，*、**、***分别代表10%、5%、1%的显著性水平。

资料来源：根据stata回归结果整理。

略选择的负向影响，即董事会任期越长，董事会关系型群体断裂带强度对企业并购战略选择的负向影响越弱，与本章假设 H4.3 保持一致。模型 2 在基准模型的基础上引入董事会任务型群体断裂带强度（task-related faultline）、董事会任期（board tenure）以及董事会任务型群体断裂带强度（task-related faultline）与董事会任期（board tenure）的交乘项（task-related faultline×board tenure），结果显示交乘项（task-related faultline×board tenure）的回归系数显著为负（系数为−0.197，在 1% 的显著性水平显著），这一回归结果表明董事会任期减弱了董事会任务型群体断裂带强度对企业并购战略选择的正向影响，即董事会任期越长，董事会任务型群体断裂带强度对企业并购战略选择的正向影响越弱，与本章假设 H4.4 保持一致。模型 3 在基准模型的基础上引入董事会任期（board tenure）以及董事会关系型群体断裂带强度（relationship faultline）与董事会任期（board tenure）的交乘项（relationship faultline×board tenure）和董事会任务型群体断裂带强度（task-related faultline）与董事会任期（board tenure）的交乘项（task-related faultline×board tenure），结果显示，董事会关系型群体断裂带强度与调节变量的交乘项（relationship faultline×board tenure）的回归系数显著为正（系数为 0.217，在 10% 的显著性水平显著），与本章研究假设 H4.3 一致；董事会任务型群体断裂带强度与调节变量的交乘项（task-related faultline×board tenure）的回归系数显著为负（系数为−0.217，在 1% 的显著性水平显著），与本章研究假设 H4.4 一致。

表 4-5 中模型 4—模型 6 考察了行业竞争强度的调节作用。模型 4 在基准模型的基础上引入董事会关系型群体断裂带强度（relationship faultline）、行业竞争程度（HHI）以及董事会关系型群体断裂带强度（relationship faultline）与行业竞争程度的交乘项（relationship faultline×HHI），结果显示交乘项（relationship faultline×HHI）的回归系数显著为负（系数为−2.166，在 10% 的显著性水平显著），由于赫芬达尔指数为反指标，即赫芬达尔指数越小行业竞争程度越大，因此该回归结果表明行业竞争程度减弱了董事会关系型群体断裂带强度对企业并购战

略选择的负向影响，即行业竞争程度越大，董事会关系型群体断裂带强度对企业并购战略选择的负向影响越弱，与本章假设 H4.5 保持一致。模型 5 在基准模型的基础上引入董事会任务型群体断裂带强度（task-related faultline）、行业竞争程度（HHI）以及董事会任务型群体断裂带强度（task-related faultline）与行业竞争程度的交乘项（task-related faultline×HHI），结果显示交乘项（task-related faultline×HHI）的回归系数显著为负（系数为−1.953，在 10% 的显著性水平显著），这一回归结果表明行业竞争程度增强了董事会任务型群体断裂带强度对企业并购战略选择的正向影响，即行业竞争程度越大，董事会任务型群体断裂带强度对企业并购战略选择的正向影响越强，与本章假设 H4.6 保持一致。模型 6 在基准模型的基础上引入行业竞争程度（HHI）以及董事会关系型群体断裂带强度（relationship faultline）与行业竞争程度的交乘项（relationship faultline×HHI）和董事会任务型群体断裂带强度（task-related faultline）与行业竞争程度的交乘项（task-related faultline×HHI），结果显示，董事会关系型群体断裂带强度与行业竞争程度的交乘项（relationship faultline×HHI）的回归系数虽然未达到显著性水平但其符号为负，与本章假设方向一致，也在一定程度上证明了本章的研究假设；董事会任务型群体断裂带强度与行业竞争程度的交乘项（task-related faultline×HHI）的回归系数显著为负（系数为−2.048，在 10% 的显著性水平显著），与本章研究假设一致。

4.3.3 稳健性检验

为保证本章结果的稳健性，结合现有文献，本章进行了如下稳健性检验：

本章首先对被解释变量企业并购战略选择（M&A）进行替换测量，根据已有研究（Chen，Crossland，Huang，2016；Shi，Zhang，Hoskisson，2017；Malhotra 等，2018），本章分别以并购频率（M&A_num）与并购规模（M&A size）两个指标作为企业并购战略选择的替代变量。其中，并购频率（M&A_num）为计数变量，即企业在一个年度内发起的并购次数；并购规模（M&A size）为连续变量，以企业在一个年度内为并购行为支付的全部价格的自然对数来测量。

对于企业并购频率（M&A_num），由于该变量为计数变量，而且该变量的方差远大于均值，因此结合 Hausman 检验的结果，本章选择负二项回归模型的固定效应进行回归分析（Seo 等，2014；Shi，Zhang，Hoskisson，2017）。表4-6显示了董事会群体断裂带强度与企业并购频率的回归结果，结果表明董事会关系型群体断裂带强度（relationship faultline）与企业并购频率（M&A_num）呈负相关关系，董事会任务型群体断裂带强度（task-related faultline）与企业并购频率（M&A_num）呈正相关关系。表4-7为董事会任期与行业竞争程度对董事会群体断裂带强度与企业并购频率的调节作用的回归结果，结果表明董事会任期（board tenure）对董事会关系型群体断裂带强度（relationship faultline）与企业并购频率（M&A_num）的关系以及董事会任务型群体断裂带强度（task-related faultline）与企业并购频率（M&A_num）的关系均起到负向调节作用；同时行业竞争程度（HHI）对董事会关系型群体断裂带强度（relationship faultline）与企业并购频率（M&A_num）的关系起到负向调节作用，对董事会任务型群体断裂带强度（task-related faultline）与企业并购频率（M&A_num）的关系起到正向调节作用。表4-6和表4-7与前文实证结果一致，保证了本章结论的稳健性。

表4-6　　　　　　　董事会群体断裂带强度与
企业并购频率（M&A_num）回归结果

	模型 1	模型 2	模型 3	模型 4
	M&A_num			
relationship faultline		−0.267*		−0.338*
		（0.154）		（0.190）
task-related faultline			0.284**	0.237*
			（0.126）	（0.128）
firmsize	0.064***	0.066***	0.098***	0.099***
	（0.017）	（0.017）	（0.022）	（0.023）

	模型1	模型2	模型3	模型4
leverage	−0.007	−0.007	−0.004	−0.004
	（0.004）	（0.004）	（0.005）	（0.005）
ROA	0.000*	0.000*	0.000	0.006
	（0.000）	（0.000）	（0.048）	（0.048）
cash	0.134	0.133	0.259	0.334
	（0.115）	（0.117）	（0.204）	（0.208）
growth	0.047***	0.047***	0.047**	0.047**
	（0.017）	（0.017）	（0.023）	（0.023）
shareholder	0.197	0.193	0.095	0.057
	（0.134）	（0.135）	（0.170）	（0.173）
SOE	−0.414***	−0.410***	−0.379***	−0.350***
	（0.067）	（0.068）	（0.089）	（0.091）
duality	0.068	0.057	0.070	0.055
	（0.041）	（0.042）	（0.049）	（0.050）
boardsize	−0.003	−0.004	−0.005	−0.008
	（0.012）	（0.012）	（0.015）	（0.015）
independence	0.048	0.011	0.108	0.002
	（0.353）	（0.357）	（0.442）	（0.449）
industry	yes	yes	yes	yes
year	yes	yes	yes	yes
C	−0.192	0.006	−0.543*	−0.346
	（0.246）	（0.272）	（0.304）	（0.364）
N	16 600	16 243	11 002	10 779
χ^2	102.02	101.91	116.55	76.44

注：括号中为标准误，*、**、***分别代表10%、5%、1%的显著性水平。
资料来源：根据stata回归结果整理。

表4-7　董事会任期与行业竞争程度对董事会群体断裂带与企业并购频率（M&A_num）关系调节作用的回归结果

	M&A_num					
	模型 1	模型 2	模型 3	模型 4	模型 5	模型 6
relationship faultline	-0.533^{**}		-0.944^{***}	-0.040		-0.002
	(0.236)		(0.338)	(0.186)		(0.226)
task-related faultline		0.571^{***}	0.681^{***}		0.400^{***}	0.179
		(0.199)	(0.183)		(0.151)	(0.157)
board tenure	-0.038	0.097^{***}	0.013			
	(0.031)	(0.027)	(0.058)			
relationship faultline×board tenure	0.088^{**}		0.200^{**}			
	(0.045)		(0.078)			
task-related faultline×board tenure		-0.183^{***}	-0.160^{***}			
		(0.039)	(0.034)			
HHI				0.639	0.432	0.590
				(0.515)	(0.427)	(0.692)
relationship faultline×HHI				-1.342^{*}		-0.688
				(0.723)		(0.846)

续表

	模型 1	模型 2	模型 3	模型 4	模型 5	模型 6
task-related faultline×HHI					-1.068*	-1.283*
					(0.626)	(0.680)
firmsize	0.045**	0.009	0.061***	0.049***	0.076***	0.044*
	(0.018)	(0.024)	(0.022)	(0.018)	(0.024)	(0.025)
leverage	0.054	-0.007	0.251**	-0.013**	-0.013*	-0.017**
	(0.099)	(0.005)	(0.119)	(0.006)	(0.008)	(0.008)
ROA	-0.004	0.015	-0.003	-0.016	-0.373	-0.006
	(0.015)	(0.037)	(0.016)	(0.059)	(0.477)	(0.253)
cash	-0.028	0.367*	-0.009	0.208	0.560**	0.609***
	(0.059)	(0.207)	(0.041)	(0.176)	(0.239)	(0.235)
growth	0.059***	0.057**	0.060***	0.040**	0.037	0.054**
	(0.019)	(0.022)	(0.022)	(0.019)	(0.025)	(0.024)
shareholder	0.253*	0.356**	0.386**	-0.059	-0.114	-0.040
	(0.138)	(0.176)	(0.167)	(0.145)	(0.181)	(0.184)
SOE	-0.408***	-0.382***	-0.419***	-0.379***	-0.342***	-0.349***
	(0.069)	(0.091)	(0.086)	(0.074)	(0.095)	(0.098)

续表

	模型 1	模型 2	模型 3	模型 4	模型 5	模型 6
duality	0.067	0.059	0.045	0.082*	0.092*	0.066
	(0.041)	(0.049)	(0.047)	(0.044)	(0.051)	(0.052)
boardsize	0.020*	0.012	0.019	-0.001	-0.008	-0.002
	(0.012)	(0.015)	(0.015)	(0.013)	(0.015)	(0.016)
independence	0.157	-0.153	0.232	0.074	0.269	0.121
	(0.360)	(0.445)	(0.429)	(0.376)	(0.457)	(0.465)
industry	yes	yes	yes	yes	yes	yes
year	yes	yes	yes	yes	yes	yes
C	-0.034	-0.228	-0.459	0.074	-0.286	0.197
	(0.288)	(0.507)	(0.384)	(0.300)	(0.329)	(0.380)
N	16 596	11 002	11 873	14 476	10 037	9 838
χ^2	186.255	353.867	218.606	73.830	101.954	215.479

注: 括号中为标准误, *、**、***分别代表10%、5%、1%的显著性水平。

资料来源: 根据stata回归结果整理。

对于连续变量并购规模（M&A size），根据Hausman检验的结果，本章选择OLS模型的固定效应进行回归分析（Malhotra等，2018）。表4-8和表4-9给出了相应的回归结果，其中，表4-8的回归结果表明董事会关系型群体断裂带强度（relationship faultline）与企业并购规模（M&A size）呈负相关关系，董事会任务型群体断裂带强度（task-related faultline）与企业并购规模（M&A size）呈正相关关系。表4-9的回归结果表明董事会任期（board tenure）对董事会关系型群体断裂带强度（relationship faultline）与企业并购规模（M&A size）的关系以及董事会任务型群体断裂带强度（task-related faultline）与企业并购规模（M&A size）的关系的调节作用并不显著；同时行业竞争程度（HHI）对董事会关系型群体断裂带强度（relationship faultline）与企业并购规模（M&A size）的关系的调节作用不显著，对董事会任务型群体断裂带强度（task-related faultline）与企业并购规模（M&A size）的关系起到正向调节作用。表4-8的结果与前文实证结果一致，保证了本章结论的稳健性，表4-9的结果表明董事会任期与行业竞争程度对于董事会群体断裂带与并购规模关系的调节作用并不显著。

表4-8　　　　　　　　董事会群体断裂带强度与

企业战略并购规模（M&A size）回归结果

	模型1	模型2	模型3	模型4
	M&A size			
relationship faultline		−1.000**		−1.038*
		(0.500)		(0.623)
task-related faultline			0.957**	1.158***
			(0.417)	(0.413)
firmsize	0.283***	0.280***	0.057	0.149*
	(0.062)	(0.062)	(0.087)	(0.083)
leverage	−0.005	−0.004	−0.006	0.000
	(0.013)	(0.013)	(0.015)	(0.015)
ROA	0.000**	0.000**	−1.794	−2.321*
	(0.000)	(0.000)	(1.272)	(1.264)
cash	−0.986*	−1.060**	−0.243	−0.491
	(0.524)	(0.526)	(0.718)	(0.717)
growth	−0.090	−0.098*	−0.019	−0.045
	(0.058)	(0.058)	(0.075)	(0.075)
shareholder	−1.200**	−1.049**	−1.040*	−1.099*
	(0.496)	(0.499)	(0.632)	(0.630)

续表

	模型 1	模型 2	模型 3	模型 4
SOE	−0.902**	−0.942***	−0.098	−0.233
	(0.351)	(0.351)	(0.465)	(0.460)
duality	0.161	0.174	0.254	0.268
	(0.141)	(0.143)	(0.169)	(0.171)
boardsize	−0.047	−0.053	−0.039	−0.077
	(0.045)	(0.045)	(0.056)	(0.056)
independence	0.913	0.784	0.027	0.781
	(1.193)	(1.200)	(1.496)	(1.499)
industry	yes	yes	yes	yes
year	yes	yes	yes	yes
C	17.452***	18.161***	18.423***	18.502***
	(0.853)	(0.931)	(2.480)	(1.224)
N	6 359	6 245	4 490	4 416
R^2	0.021	0.022	0.022	0.022

注：括号中为标准误，*、**、***分别代表10%、5%、1%的显著性水平。

资料来源：根据stata回归结果整理。

其次，根据已有研究，本章被解释变量——企业并购战略选择（M&A）——是一个特殊事件，因此可以使用事件史分析法进行研究（Cox，1972；Fahlenbtach，Low，Stulz，2017）。事件史分析法关注的是在特定事件发生之前所经历的时间，模拟了特定事件在时间t发生的概率（Poole，vande Ven，Holmes，2000）。在本章中特定事件即为企业选择进行并购。由于难以对企业并购战略选择的基准风险函数进行估计，因此本章参照现有研究使用COX半参数估计模型检验董事会群体断裂带强度对企业并购战略选择的影响（Fahlenbtach，Low，Stulz，2017；Greve，Zhang，2017）。最终本章运用2 578家企业的7 626个观测值作为样本，构建COX模型进行实证分析，结果见表4-10。COX回归结果表明董事会关系型群体断裂带强度（relationship faultline）会降低企业选择并购战略（M&A）的概率，并且这一关系会随着董事会任期（board tenure）、行业竞争程度（HHI）的增加而减弱；董事会任务型群体断裂带强度（task-related faultline）会增加企业选择并购战略（M&A）的概率，并且这一关系会随着董事会任期（board tenure）的增加而减弱，随着行业竞争程度（HHI）的增加而增强，与前文实证结果一致，保证了本章结论的稳健性。

表4-9 董事会任期与行业竞争程度对董事会群体断裂带强度与企业并购规模（M&A size）关系调节作用的回归结果

	模型1	模型2	模型3	模型4	模型5	模型6
				M&A size		
relationship faultline	-1.564*		-1.974*	-0.466		-0.024
	(0.869)		(1.096)	(0.751)		(0.914)
task-related faultline		1.081*	1.312**		1.835***	1.524**
		(0.654)	(0.656)		(0.619)	(0.609)
board tenure	-0.011	0.187**	0.029			
	(0.123)	(0.090)	(0.193)			
relationship faultline×board tenure	0.199		0.253			
	(0.178)		(0.249)			
task-related faultline×board tenure		-0.084	-0.101			
		(0.129)	(0.132)			
HHI				1.814	4.165	7.521
				(3.200)	(2.540)	(4.655)
relationship faultline×HHI				-3.390		-6.243
				(4.480)		(5.456)

续表

	模型 1	模型 2	模型 3	模型 4	模型 5	模型 6
task-related faultline×HHI					-6.149*	-5.099
					(3.719)	(3.703)
firmsize	0.078	0.077	0.026	0.256***	0.141	0.037
	(0.065)	(0.086)	(0.082)	(0.063)	(0.089)	(0.087)
leverage	0.607	-0.008	0.527	-0.048	-0.003	-0.059
	(0.376)	(0.015)	(0.453)	(0.041)	(0.024)	(0.047)
ROA	0.172	-1.930	-0.385	0.110	-2.423	-0.832
	(0.236)	(1.267)	(0.669)	(0.332)	(1.488)	(0.833)
cash	-0.583	-0.511	-0.479	-1.135*	-0.516	-1.044
	(0.470)	(0.713)	(0.671)	(0.627)	(0.765)	(0.786)
growth	-0.134**	0.011	-0.035	-0.156***	-0.006	-0.083
	(0.062)	(0.075)	(0.073)	(0.060)	(0.079)	(0.077)
shareholder	-0.232	-0.960	-0.110	-1.046**	-1.124*	-0.636
	(0.518)	(0.628)	(0.624)	(0.510)	(0.652)	(0.636)
SOE	-0.312	-0.059	0.173	0.014	0.426	0.202
	(0.339)	(0.463)	(0.421)	(0.371)	(0.480)	(0.455)

续表

	模型 1	模型 2	模型 3	模型 4	模型 5	模型 6
duality	0.192	0.270	0.212	0.011	0.217	0.142
	(0.143)	(0.169)	(0.166)	(0.145)	(0.173)	(0.169)
boardsize	−0.051	−0.038	−0.045	−0.071	−0.081	−0.058
	(0.045)	(0.056)	(0.055)	(0.045)	(0.056)	(0.055)
independence	1.098	0.440	0.879	0.264	−0.307	−0.249
	(1.217)	(1.492)	(1.462)	(1.237)	(1.503)	(1.502)
industry	yes	yes	yes	yes	yes	yes
year	yes	yes	yes	yes	yes	yes
C	18.538***	17.796***	18.123***	18.170***	17.905***	18.744***
	(1.095)	(1.141)	(1.387)	(1.029)	(1.201)	(1.355)
N	6 219	4 490	4 696	5 752	4 233	4 131
R^2	0.027	0.039	0.025	0.035	0.037	0.038

注：括号中为标准误，*、**、***分别代表10%、5%、1%的显著性水平。

资料来源：根据 stata 回归结果整理。

表4-10　董事会群体断裂带强度与企业并购战略选择（M&A）的COX回归分析结果

	模型 1	模型 2	模型 3	模型 4	模型 5	模型 6	模型 7	模型 8	模型 9
					M&A				
relationship faultline	-0.826***		-0.833***	-1.518***		-0.950*	-0.469		-0.464
	(0.234)		(0.234)	(0.474)		(0.539)	(0.315)		(0.325)
task-related faultline		0.654***	0.659***		0.890***	0.879***		0.632***	0.721***
		(0.178)	(0.178)		(0.291)	(0.287)		(0.237)	(0.237)
board tenure				-0.381***	-0.010	-0.043			
				(0.098)	(0.045)	(0.120)			
relationship faultline×board tenure				0.274**		0.079			
				(0.139)		(0.160)			
task-related faultline×board tenure					-0.315***	-0.335***			
					(0.068)	(0.066)			
HHI							1.354	0.804	2.240*
							(1.002)	(0.636)	(1.172)
relationship faultline×HHI							-2.439*		-2.257
							(1.462)		(1.548)

续表

	模型 1	模型 2	模型 3	模型 4	模型 5	模型 6	模型 7	模型 8	模型 9
task-related faultline×HHI								-1.833*	-1.707*
								(1.068)	(1.035)
firmsize	0.067***	0.065***	0.072***	0.080***	0.083***	0.076***	0.055**	0.055**	0.056**
	(0.021)	(0.021)	(0.021)	(0.021)	(0.022)	(0.021)	(0.024)	(0.023)	(0.024)
leverage	-0.082***	-0.083***	-0.084***	-0.080***	-0.087***	-0.081***	-0.076***	-0.080***	-0.077***
	(0.024)	(0.024)	(0.024)	(0.024)	(0.024)	(0.024)	(0.027)	(0.027)	(0.027)
ROA	-0.697	-0.605	-0.685	-0.492	-0.441	-0.543	-0.764	-0.661	-0.711
	(0.646)	(0.648)	(0.648)	(0.653)	(0.662)	(0.667)	(0.716)	(0.727)	(0.732)
cash	-1.824***	-1.796***	-1.783***	-1.564***	-1.574***	-1.552***	-1.970***	-1.935***	-1.905***
	(0.352)	(0.351)	(0.351)	(0.351)	(0.353)	(0.355)	(0.387)	(0.387)	(0.390)
growth	0.078*	0.079*	0.075*	0.041	0.038	0.036	0.106**	0.097**	0.099**
	(0.041)	(0.041)	(0.041)	(0.041)	(0.041)	(0.042)	(0.045)	(0.046)	(0.047)
share10	1.062***	1.023***	1.026***	0.753***	0.773***	0.736***	1.025***	0.948***	0.977***
	(0.169)	(0.170)	(0.170)	(0.172)	(0.174)	(0.174)	(0.182)	(0.183)	(0.185)

续表

	模型 1	模型 2	模型 3	模型 4	模型 5	模型 6	模型 7	模型 8	模型 9
SOE	−0.467***	−0.468***	−0.472***	−0.516***	−0.492***	−0.520***	−0.483***	−0.490***	−0.507***
	(0.059)	(0.059)	(0.059)	(0.059)	(0.060)	(0.060)	(0.063)	(0.064)	(0.064)
duality	0.048	0.045	0.046	0.040	0.035	0.040	0.077	0.068	0.069
	(0.058)	(0.058)	(0.058)	(0.058)	(0.059)	(0.059)	(0.061)	(0.061)	(0.062)
boardsize	0.024	0.027	0.023	0.041**	0.044***	0.044***	0.038**	0.039**	0.040**
	(0.017)	(0.017)	(0.017)	(0.017)	(0.017)	(0.017)	(0.017)	(0.018)	(0.018)
independence	−0.651	−0.620	−0.610	−0.322	−0.464	−0.334	−0.729	−0.753	−0.708
	(0.520)	(0.520)	(0.520)	(0.526)	(0.529)	(0.533)	(0.546)	(0.548)	(0.553)
industry	yes	yes	yes	yes	yes	yes	yes	yes	yes
Year	yes	yes	yes	yes	yes	yes	yes	yes	yes
N	7 626	6 929	6 929	6 801	6 776	6 650	6 105	6 086	5 972
χ^2	917.46	918.54	931.15	973.65	1011.76	964.29	793.30	788.49	789.19

注：括号中为标准误，*，**，***分别代表10%、5%、1%的显著性水平。

资料来源：根据 stata 回归结果整理。

4.4　本章小结

　　本章主要考察了董事会关系型群体断裂带与任务型群体断裂带对企业并购战略选择的影响。首先，分类-加工理论指出，不同类型的社会分类会在群体中引发不同的群际偏见进而影响群体的信息加工过程与结果。本章以该理论模型为基础在企业并购决策的情境下对比了关系型群体断裂带与任务型群体断裂带在董事会中划分的子群体之间群际偏见的差异，以及这种群际偏见差异如何影响董事会决策中的信息加工过程，最终对企业并购战略选择产生影响。其次，群际接触理论指出，群体之间的接触能够降低群体之间的偏见程度，本章认为董事会任期越长，董事会成员之间的接触越多，越会影响群体断裂带产生的群际偏见，最终对董事会并购战略选择产生影响。因此本章进一步考察董事会任期对群体断裂带与企业并购战略选择关系的调节作用。此外，已有研究指出，在考虑决策群体所处的环境时，群体构成对群体产出的影响更具现实意义。因此本章结合中国经济现状，考察行业竞争程度对于董事会关系型群体断裂带和任务型群体断裂带与企业并购战略决策关系的调节作用，以进一步探索不同类型群体断裂带在群体决策中的作用机制。

　　本章以2008—2019年沪深A股上市公司为样本实证检验董事会不同类型群体断裂带对企业并购战略选择的影响，以及董事会任期、行业竞争程度对两者关系的影响。本章研究结论表明，关系型群体断裂带在董事会中划分的子群体之间产生较强的群际偏见，进一步阻碍了不同子群体之间的信息交换与沟通讨论，最终导致董事会无法充分利用其所拥有的信息，因此在企业的并购决策中难以及时发现并购机会从而降低了企业选择并购战略的概率。董事会中任务型群体断裂带划分的子群体之间的群际偏见较弱，子群体之间的信息加工过程受群际偏见的影响较小，因此董事会在并购决策中的信息加工过程受其阻碍程度也较小，提高了企业发起并购的概率。关于董事会任期对董事会关系型群体断裂带影响的研究表明，随着董事会任期的增加，董事会中群际偏见减弱，因此削弱了董事会关系型群体断裂带对企业并购战略选择的负向影响；对于任务型群体断裂带，董事会任期的增加降低了董事会成员在群体决策中获取新信息的能力，因此削弱了董事会任务型群体断裂带对企业并购战略选择的正向影响。对于行业竞争强度的调节作用的考察也表明，激烈的行业竞争会减弱董事会中的群际偏见，提高董事会决策中信息加工的效率，因此行业竞争程度会削弱董事会关系型群体断裂带对企业并购战略选择的消极影响，增强董事会任务型群体断裂带对企业并购战略选择的积极影响。同时本章还通过对被解释变量即企业并购战略选择进行替代测量以及采用事件史回归方法对研究结论进行稳健性检验以确保本章研究结论的准确性。

5 董事会群体断裂带与企业并购溢价

5.1 研究假设

5.1.1 董事会群体断裂带与企业并购溢价

并购溢价即并购方为标的支付的交易价格与标的本身内在价值（并购宣告前的标的市值）之间的差额与标的本身内在价值的比例（陈仕华等，2015）。并购交易定价是企业并购交易过程中的重要问题之一。已有研究指出，由于企业认为并购整合能够为企业带来协同效应，因此发起并购的企业愿意在并购时向目标企业支付超过标的本身内在价值的价格（Slusky，Caves，1991）。但是在并购中支付过高的价格即并购溢价过高又会损害企业的并购绩效（Haunschild，1994）。因此在如何在并购中支付既有利于并购交易的顺利完成又可以提高并购绩效的合理的并购交易价格成为董事会在并购中需要解决的重要问题。

合理的并购溢价之所以很难确定是因为并购溢价决策中充满了不确

定性（Malhotra, Zhu, Reus, 2015）。这种不确定性往往来源于决策者无法完全获取并购溢价决策中所需的全部信息。例如，由于并购企业难以完全了解目标企业的全部信息，因此无法对目标企业进行准确的评估；而且当同时出现多个潜在竞争对手时，企业难以确定什么样的溢价水平既可以反映并购目标的真实价值又可以击退其他竞争者（Beckman, Haunschild, 2002; Haunschild, 1994）。面对并购溢价决策中的诸多不确定性，与并购相关的各种信息对于企业支付的并购溢价显得尤为重要（Almazan 等，2010）。

已有研究指出，多样化的董事会中不同特征的董事成员能够带来各种不同信息（Stasser, Birchmeier, 2003; Brodbeck 等，2007）。但是董事会成员是否愿意将各自所掌握的资源在整个董事会中进行分享成为影响多样化的信息在并购溢价决策中发挥作用的重要因素。根据群体断裂带的相关研究，不同类型的群体断裂带在董事会中划分出不同类型的子群体，引发子群体之间不同程度的群际偏见，进一步对董事会决策中的信息分享、信息讨论等信息加工过程产生影响，最终影响董事会的并购溢价决策。

具体而言，关系型群体断裂带在董事会内部产生的子群体是以身份认同为基础的，这些子群体之间有着很强的群际偏见。群际偏见会引发子群体之间的对立与矛盾，导致子群体对其他外群体的信息、观点、知识等存在偏见（Dennis 等，2015; Barkema, Shvyrkov, 2007）。同时子群体成员能够感知到其他外群体对自己提出的观点的反驳与批评，因此子群体更倾向于选择隐藏自身掌握的独有信息，尤其是可能与其他子群体观点相悖的信息，最终董事会可能难以获取其成员掌握的全部信息（Chen 等，2010; Li, Jones, 2019）。随着董事会中关系型群体断裂带强度的提高，子群体之间的群际偏见更加强烈，成员更倾向于将不好的结果（错误）归咎于其他子群体，这种错误的归因对董事会成员之间的信息共享的破坏作用更强，最终董事会决策过程中的信息缺失更加严重（Cramton, 2002; Wilson 等，2008）。因此与关系型群体断裂带强度较弱的董事会相比，在关系型群体断裂带强度较高的董事会中，由于子群体之间的群际偏见更强，董事会成员更倾向于隐藏其所掌握的信息，尤其是与他人观点不同的信息，由此导致董事会在并购溢价决策中无法充分利用其成员掌握的全部信息，而那些未被分享的信息很可能对并购溢价决策有着重要的影响。此外由于群际偏见的增强，董事会成员在对信息进行加工的过程中也很可能会少发表意见以免遭到外群体成员的攻击，从而降低董事会信息加工的质量。最终由于决策时可用信息的数量不足而且难以对信息进行充分的加工，董事会很难制定出合理的并购交易价格，而董事会为了推动并购的完成更倾向于支付较高的价格，导致并购溢价过高。基于此，本章提出如下假设：

H5.1：董事会中关系型群体断裂带强度越高，企业支付的并购溢价越高。

而任务型群体断裂带在董事会中划分出若干以知识为基础的子群体，这些子群体之间的显著差异体现在与完成任务相关的知识、技能等方面，而与社会身份相关的差异不会受到关注（Chung，Jackson，2013；Chung，2015），继而降低了子群体之间的群际偏见。以知识为基础的子群体更加重视自己以及其他子群体能够为董事会决策提供的信息资源以及作出的贡献（Chung，Jackson，2013；Chung等，2015）。这些子群体更倾向于将其他子群体作为获取更多信息的来源，这就增加了董事会中不同子群体之间的信息共享（Beauregard，2012）。子群体之间能够针对决策问题进行信息共享，大大增加了董事会在决策过程中可用的信息。以知识为基础的子群体是更具有凝聚力的群体，子群体内部共享的专业知识意味着他们能够得到彼此的支持，因而子群体成员在信息加工过程中更容易表达意见并且和其他子群体成员分享知识（Nemeth，Goncalo，2005）。丰富的信息增强了董事会成员完成复杂任务的信心（Organ等，2006），有利于董事会作出更高质量的决策。

对于企业并购溢价决策，董事会中任务型群体断裂带能够帮助企业避免支付过高的并购溢价。首先，由于任务型群体断裂带中子群体之间的社会身份差异被董事会成员忽略，因此子群体之间的群际偏见对董事会成员之间信息交流与互换的阻碍较小。其次，子群体成员对彼此知识、技能等方面差异的关注有助于全部董事会成员之间互相交换彼此所欠缺的信息，丰富了董事会在制定并购溢价决策时可运用的信息。以知识为基础的子群体在信息加工过程中能够更加自由地表达自己的观点，有利于董事会成员对并购溢价相关信息进行充分的讨论，提高董事会对信息资源的利用率。因此存在任务型群体断裂带的董事会更可能制定合理的并购价格以避免支付过高的并购溢价。基于此，本章提出如下假设：

H5.2：董事会中任务型群体断裂带强度越高，企业支付的并购溢价越低。

5.1.2 董事会任期的调节作用

根据群际接触理论，群体成员之间的接触能够减少群体中的偏见，改善群际关系（Allport，1954；Pettigrew，Tropp，2008）。因此董事会任期会通过董事会成员之间的接触影响董事会成员之间的关系，进一步影响群体断裂带在董事会决策中的作用，因此本章考察董事会任期对董事会群体断裂带强度与并购溢价关系的影响。

对于关系型群体断裂带，董事会任期减弱了关系型群体断裂带对企业并购战略选择的负向影响。关系型群体断裂带在董事会中划分形成的子群体之间有着较强的群际偏见，而且这种群际偏见在董事会任期较短的情况下更加强烈。因为在董事会成员刚刚聚集在一起时，由于各位成员彼此之间缺乏了解，关系型群体断裂带划分的子群体之间对彼此的刻板印象更为深刻，因此子群体之间的偏见更强。但是随着时间的推移即董事会任期的增加，董事会成员之间的接触增多，根据群际接触理论，不同子群体之间的接触有助于增进董事会成员之间的了解，减弱了对彼此的刻板印象（Joshi，Roh，2009）。就情感角度而言，长期的相处提高了董事会成员之间的好感度，不同子群体成员之间的同理心更强，缓解了董事会中的消极情感（Aron，Mclaughlin-Volpe，2001）。因此根据分类-加工理论，群际偏见对董事会信息加工过程的消极影响也随之减弱。对于企业并购战略选择决策而言，与任期较短的董事会相比，在任期较长的董事会中，由于董事会成员之间共事的时间较长，关系型群体断裂带引发的群际偏见被不同子群体之间的群际接触削弱，子群体之间具有更强的合作倾向，其信息沟通渠道也更加顺畅。群际接触缓解了子群体之间的消极关系，有利于促进董事会中的信息分享，这就增加了董事会在并购战略决策中可用的信息资源，也有利于提高董事会对相关信息进行加工的质量，最终减弱了董事会关系型群体断裂带对企业并购战略选择的消极影响。基于此，本章提出如下假设：

H5.3：董事会任期负向调节董事会关系型群体断裂带强度与企业并购溢价的关系，具体而言，随着董事会任期的增加，企业董事会关系型群体断裂带强度与企业并购溢价的正向关系减弱。

对于任务型群体断裂带，董事会任期减弱了任务型群体断裂带对企业并购战略选择的正向影响。任务型群体断裂带在董事会中划分出的子群体更加注重彼此在信息资源等与工作任务相关的特征方面的差异（Bezrukova等，2009；Chung等，2015）。这些子群体之间不易产生刻板印象，而且不同子群体的成员倾向于将彼此之间的差异作为获取信息的来源（Chung，Jackson，2013；Chung，2015）。因此根据分类-加工理论，任务型群体断裂带增加了董事会中的信息共享，提高了董事会信息加工的质量。但是随着董事会任期的增加，任务型群体断裂带的积极作用会减弱。这是因为董事会成员相处时间的增加意味着董事会成员难以为群体决策提供更多异质性的信息。在董事会任期较短的情况下，任务型群体断裂带在董事会中不仅能够提高董事会信息加工的质量，而且由于董事会成员在与任务相关的特征方面的差异，不同子群体成员能够为并购决策提供更多的信息，有利于董事会获得更多与并购标的有关的信息。相比之下在任期较长的董事会中，任务型群体断裂带划分的子群体之间可以进行信息的交流，但是由于董事会成员在一起共事时间较长，董事会成员变更人数少，导致董事会中信息资源的构成较为僵化，难以为企业并购定价提供新的信息，不利于董事会正确评估并购目标的价值，从而影响企业在并购中支付的并购溢价。基于此，本章提出如下假设：

H5.4：董事会任期负向调节董事会任务型群体断裂带强度与企业并购溢价的关系，具体而言，随着董事会任期的增加，企业董事会任务型群体断裂带强度与企业并购溢价的负向关系减弱。

5.1.3 行业竞争程度的调节作用

根据分类-加工理论，本章研究指出，由于关系型群体断裂带引发的子群体之间的群际偏见，导致董事会在并购定价决策中的信息加工过程受到阻碍，降低了董事会的决策质量，从而在并购中支付较高的溢价。相对地任务型群体断裂带则规避了子群体之间的群际偏见，因此在董事会的并购定价决策中能够提高信息加工的质量，从而有助于降低企业在并购中支付过高价格的概率。由于企业所处环境特征会影响群体断裂带在群体决策中发挥作用的显著性程度，因此本章进一步考察行业竞争程度对董事会群体断裂带强度与并购溢价关系的调节作用。

对于关系型群体断裂带，行业竞争的加剧有助于削弱董事会关系型群体断裂带在企业并购定价决策中的消极作用。由于行业竞争缓解了信息不对称问题，因此董事会受到更强的监督，提高了董事会因"懈怠"或"无能"而被淘汰的风险（Scalera，Zazzaro，2008；Schmidt，1997）。因此与处于竞争程度较弱的行业中的企业相比，处于竞争程度较强的行业中的企业的董事会具有更强的任务导向以提高其决策的正确性，为企业创造更多的价值（Hambrick，Humphrey，Gupta，2015）。对于并购定价决策而言，如果企业处于一个竞争激烈的行业中，当董事会中存在关系型群体断裂带时，董事会成员会忽视子群体之间的偏见而尽可能地调动全体董事会成员的资源以提高决策质量，作出更有利于企业发展的决策。因此董事会成员会降低对不同子群体社会身份的关注，跨越子群体边界为董事会决策提供更多的有关并购定价的可用信息并且对这些信息进行更好的加工，如此便缓解了关系型群体断裂带对董事会并购定价决策的消极影响。基于此，本章提出如下假设：

H5.5：行业竞争程度负向调节董事会关系型群体断裂带强度与企业并购溢价的关系，具体而言，随着企业所处行业竞争程度的增强，企业董事会关系型群体断裂带强度与企业并购溢价的正向关系减弱。

对于任务型群体断裂带，行业竞争增强了董事会任务型群体断裂带在企业并购定价决策中的积极作用。充分的行业竞争提高了董事会成员的努力程度及其作出正确决策的迫切程度以避免被市场淘汰（Scalera，

Zazzaro，2008；Holmstorom，1982）。因此在竞争程度较高的行业中，企业董事会会放大任务型群体断裂带在决策过程中的优势，首先，任务型群体断裂带划分的不同子群体为董事会提供了明确的信息资源分布格局，有利于董事会成员快速寻找所需信息。其次，受到竞争压力的驱使，董事会成员也会更加积极地向全体成员提供可用的信息，并且对这些信息进行更深入的加工、尽可能地提高信息的利用率以期避免企业在并购中支付过高的价格造成企业利益损失。基于此，本章提出如下假设：

H5.6：行业竞争程度正向调节董事会任务型群体断裂带强度与企业并购溢价的关系，具体而言，随着企业所处行业竞争程度的增强，企业董事会任务型群体断裂带强度与企业并购溢价的负向关系增强。

5.2 研究设计

5.2.1 样本选择与数据来源

由于我国上市公司自 2008 年才开始披露详细的董事会成员背景信息，因此本章选取 2008—2019 年我国沪深 A 股上市公司作为研究样本。具体而言，本章根据上市公司进行的并购交易事件对研究样本进行如下筛选：首先，从国泰安数据库的"中国上市公司并购重组研究数据库"中获取 2008—2019 年发生的并购交易事件作为初选样本。由于金融类企业的会计准则与非金融类企业存在很大的差异，为避免因此产生的偏差，本章根据上市公司行业代码，剔除金融类上市公司发生的并购交易事件。其次，本章剔除了并购交易未取得成功的交易事件。再次，对于在一年内发生多起并购交易事件的公司，本章剔除了除其当年发生的第一起并购交易事件以外的并购交易事件。最终，本章样本由 2 344 家公司 2008—2019 年的非平衡面板数据构成，共计 8 076 个观测值。

本章研究数据主要来自国泰安数据库。与上市公司并购相关的数据来自国泰安数据库的"中国上市公司并购重组研究数据库"，与上市公司董事会成员个人特征相关的数据主要来自国泰安数据库人物特征系列中的"上市公司人物特征"数据库以及公司研究系列中的"高管动态"数据库,与上市公司财务指标相关的数据来自国泰安数据库的"财务报表"数据库、"财务指标分析"数据库等,与上市公司治理相关的数据来自国泰安数据库的"中国上市公司治理结构研究数据库"。为了确保样本数据的质量,本章对缺失数据进行手工补充与完善,这部分数据主要来自巨潮资讯网(http://www.cninfo.com.cn/new/index)、新浪财经(https://finance.sina.com.cn/)、和讯网(http://www.hexun.com/)、百度(https://www.baidu.com/)等。

5.2.2 变量说明

(1)被解释变量。

本章被解释变量为企业并购溢价(premium)。我国并购主要是通过协议转让方式进行的,并且在协议转让时企业主要以净资产作为交易双方定价谈判的基准,因此本章遵照国内学者(唐宗明,蒋位,2002;陈仕华,卢昌崇,2014)普遍采用的测量方法,将目标企业净资产作为并购溢价的测量基准,具体计算公式为:并购溢价=(交易总价-交易标的净资产)/交易标的净资产。学者研究指出并购溢价呈现出很强的行业特征(Laamanen,2007),因此根据已有研究,本章以行业为标准对各个年份的并购溢价进行标准化处理,将根据行业调整的并购溢价作为最终的测量。

(2)解释变量。

本章解释变量为董事会关系型群体断裂带强度(relationship faultline)与任务型群体断裂带强度(task-related faultline)。本章通过Thatcher和Patel(2012)构建的Fau算式测量董事会群体断裂带的强度。这一算法考察全体群体成员在多重特征属性上的差异能够在多大程度上被子群体之间的差异所解释。Fau算式具体如下:

$$Fau_g = \frac{\sum_{j=1}^{p} \sum_{k=1}^{2} n_k^g \left(\overline{x}_{.jk} - \overline{x}_{.j} \right)^2}{\sum_{j=1}^{p} \sum_{k=1}^{2} \sum_{i=1}^{n_k} \left(x_{ijk} - \overline{x}_{.j} \right)^2}, g = 1, 2, \cdots, S$$

其中:x_{ijk}代表子群体k中第i个成员在第j种特征的值,$\overline{x}_{.j}$代表整个团队在特征 j 上的平均值，$\overline{x_{.jk}}$ 代表子群体 k 在特征 j 上的均值，n_k^g 代表在第 g 个断裂带中第 k 个子群体中成员的数量，Fau 取各可能的断裂带的最大值。由于 Fau 公式同时将类别变量与连续变量纳入计算，为保持各变量之间的欧氏距离相等需要对类别变量进行重新编码，对连续变量重标尺度，以降低两种不同类型变量之间的不可比性（Thatcher 等，2003；韩立丰，王重鸣，2010）。

对于离散的类别特征变量，先将其按照如下方式进行转换：当某一类别特征变量包括 c 种类型时，不同于传统的变量处理方式（一般生成 c-1 个虚拟变量），这里将特征变量转换为 c 个变量。尽管类别特征变量经过虚拟变量转换，可以将其看作连续变量，但是还存在一个单位标准化的问题（韩立丰，王重鸣，2010）。根据现有研究，本章使用重标尺度解决这一问题：对于类别特征变量转换成的虚拟变量，通过将每列虚拟变量除以 $\sqrt{2}$，使属于不同类别的个体之间的欧氏距离都为 1。同样地，对连续特征变量本章也重标尺度。根据现有研究，本章将年龄变量除以 10，将行业经验变量除以 8（Thatcher，2003）。通过以上重新编码和重标尺度，类别特征变量和连续特征变量就可以结合到基于欧氏距离思路的 Fau 公式中。

根据已有研究（Cooper 等，2013；Bezrukova 等，2009），本章将根据年龄、性别等人口统计特征形成的群体断裂带定义为关系型群体断裂带，将根据学历、任期、职业背景、是否独立董事等特征属性形成的群体断裂带定义为任务型群体断裂带。其中，董事学历分为博士研究生、硕士研究生（不包括 MBA/EMBA）、MBA/EMBA、本科大专以及中专及中专以下；董事会成员的任期为其截至统计截止时间在企业任职董事的自然年数；董事会成员的职业背景分为生产、研发、人力资源、管理、市场、金融财务、法律以及其他背景。最终本章将对应的特征变量带入 Fau 算式分别计算得出董事会关系型群体断裂带强度（relationship faultline）与任务型群体断裂带强度（task-related faultline）。

（3）调节变量。

本章第一个调节变量为董事会任期（board tenure）。根据已有研究（Kearney，Gerbert，2009；Bunderson，2003），本章采用全体董事会成员任职期限的平均值衡量董事会任期。

本章第二个调节变量为行业竞争程度（HHI）。根据已有研究，本章采用赫芬达尔指数（HHI）对行业竞争程度进行测量（陈信元等，2013），该指数是通过行业内各企业主营业务收入占行业总主营业务收入的比重的平方和衡量行业竞争程度，具体计算公式如下：

$$HHI = \sum_i \left(\frac{x_i}{X_i}\right)^2$$

其中：x_i为上市公司i在目标年份的主营业务收入，X_i为上市公司i所在行业在目标年份的总主营业务收入。根据赫芬达尔指数的计算公式，该指数的取值范围为0~1，该指数值较小，则行业内企业的主营业务收入占行业总主营业务收入的比重较小，表明行业内市场集中度较小，各企业面临着较为激烈的行业竞争；该指数值较大，则行业内市场集中度较高，垄断程度较高，行业内企业面临的竞争不激烈。

（4）控制变量。

根据已有研究，本章控制了可能影响企业并购战略选择的其他变量。

第一，本章控制了企业层面的特征变量（Malhotra等，2018；Cuyper，Cuyper，Martin，2017），具体包括：企业规模（firmsize），通过企业员工总数的自然对数来测量；企业资产负债率（leverage），通过企业总负债与总资产的比值来测量；企业盈利能力（ROA），通过经行业调整的企业资产负债率来测量；企业自由现金流（cash），通过企业自由现金流与总资产的比值来测量；企业成长性（growth），通过企业当年收入与前一年收入之差与前一年收入的比值来测量；企业大股东持股（shareholder），通过企业前十大股东持股比例总和来测量；企业性质（SOE），该变量为虚拟变量，当企业为国有企业时取值为1，否则为0。

第二，本章控制了董事会层面的变量（Shi，Zhang，Hoskisson，2017），具体包括：董事长与CEO两职合一（duality），该变量为虚拟变量，当董事长同时兼任CEO时取值为1，否则为0；董事会规模（boardsize），通过董事会总人数来测量；董事会独立性（independence），通过董事会中外部董事所占比例来测量。

第三，根据已有研究，本章控制了交易特征变量（Shi，Zhang，Hoskisson，2017；Haleblian，Pfarrer，Kiley，2017），具体包括：并购

规模（M&A_size），通过并购交易中买方支付的价格总额的自然对数来测量；并购支付方式（mehtod），该变量为虚拟变量，如果企业在并购中通过现金进行支付则取值为1，否则为0。

第四，本章还控制了行业（industry）及年份（year）虚拟变量。其中，行业虚拟变量按照中国证监会制定的《上市公司行业分类指引》（2012年版）标准，制造业采用二级代码分类，其他行业按一级代码分类。参考已有研究，本章将企业层面控制变量滞后一期，同时为了剔除极端值对回归结果的影响，对所有连续变量进行上下1%的缩尾（winsorize）处理（Steinbach等，2017）。

上述变量符号与说明见表5-1。

5.2.3　研究模型

为了检验董事会群体断裂带对企业并购溢价的影响，本章建立如下模型：

$$\text{Acquisition premium} = \text{relationship faultline} + \text{Control} + \varepsilon$$

$$\text{Acquisition premium} = \text{task-related faultline} + \text{Control} + \varepsilon$$

其中：Acquisition premium为并购溢价，relationship faultline和task-related faultline分别为董事会关系型群体断裂带强度与任务型群体断裂带强度。Control为控制变量，包括：企业规模（firmsize），企业资产负债率（leverage），企业盈利能力（ROA），企业自由现金流（cash），企业成长性（growth），企业大股东持股（shareholder），企业性质（SOE），董事长与CEO两职合一（duality），董事会规模（board），董事会独立性（independence），并购规模（M&A_size），并购支付方式（mehtod），行业（industry）及年份（year）。

表5-1　　　　　　　　　　　　变量符号与说明

	变量	符号	说明
解释变量	董事会关系型群体断裂带强度	relationship faultline	以董事会成员年龄、性别为基础，根据Fau算式计算的群体断裂带强度
	董事会任务型群体断裂带强度	task-related faultline	以董事会成员学历、任期、职业背景、是否独立董事为基础，根据Fau算式计算的群体断裂带强度

续表

	变量	符号	说明
被解释变量	并购溢价	premium	（交易总价−交易标的的净资产）/交易标的的净资产
调节变量	董事会任期	board tenure	全体董事会成员任职期限的平均值
	行业竞争程度	HHI	赫芬达尔指数，行业内各企业主营业务收入占行业总主营业务收入的比重的平方和
控制变量	企业规模	firmsize	企业员工总数的自然对数
	企业资产负债率	leverage	企业总负债与总资产的比值
	企业盈利能力	ROA	经行业调整的企业资产收益率
	企业自由现金流	cash	企业自由现金流与总资产的比值
	企业成长性	growth	企业当年收入与前一年收入之差与前一年收入的比值
	企业大股东持股	shareholder	企业前十大股东持股比例总和
	企业性质	SOE	虚拟变量，如果企业为国有企业则取值为1，否则为0
	董事长与CEO两职合一	duality	虚拟变量，如果董事长同时兼任CEO则取值为1，否则为0
	董事会规模	boardsize	董事会总人数
	董事会独立性	independence	董事会中外部董事所占比例
	并购规模	M&A_size	并购交易中企业支付的价格总额的自然对数
	并购支付方式	method	虚拟变量，如果企业在并购中通过现金进行支付则取值为1，否则为0
	行业	industry	行业虚拟变量
	年份	year	年份虚拟变量

资料来源：作者整理。

为了检验董事会任期对董事会群体断裂带强度与企业并购溢价关系的调节作用，本章建立如下模型：

Acquisition premium=relationship faultline+board tenure+relationship faultline×board tenure+Control+ε

Acquisition premium=task‐related faultline+board tenure+task‐related faultline×board tenure + Control + ε

其中：board tenure 为企业董事会任期。该模型在主假设检验模型基础上加入了调节变量董事会任期（board tenure）以及解释变量与调节变量的交乘项（relationship faultline×board tenure，task‐related faultline×board tenure）。

为了检验行业竞争程度对董事会群体断裂带强度与企业并购溢价关系的调节作用，本章建立如下模型：

Acquisition premium=relationship faultline+HHI+relationship faultline×HHI+Control+ε

Acquisition premium=task‐related faultline+HHI+task‐related faultline×HHI+Control+ε

其中：HHI 为企业所在行业的竞争程度。

该模型在主假设检验模型基础上加入了调节变量行业竞争程度（HHI）以及解释变量与调节变量的交乘项（relationship faultline×HHI，task‐related faultline×HHI）。

5.3 实证结果与分析

5.3.1 描述性统计与相关性分析

表 5-2 给出了检验董事会群体断裂带强度与并购溢价关系所用样本的描述性统计结果。

通过表 5-2 可以看出，在全部研究样本中，并购溢价（premium）的均值为 -0.008，最大值为 3.155，最小值为 -1.026，标准差为 0.487，表明企业并购溢价存在一定程度的差异。

董事会关系型群体断裂带强度（relationship faultline）的均值为 0.680，最大值为 0.915，最小值为 0.453，标准差为 0.105，董事会任务型群体断裂带强度（task‐related faultline）的均值为 0.624，最大值为 0.921，最小值为 0.344，标准差为 0.146，表明董事会关系型群体断裂带强度与任务型群体断裂带强度均存在一定程度的差异。

表5-2 **董事会群体断裂带强度与企业并购溢价关系**
研究样本描述性统计

变量	样本量	均值	标准差	最小值	中位数	最大值
premium	2 053	−0.008	0.487	−1.026	−0.023	3.155
relationship faultline	2 043	0.680	0.105	0.453	0.680	0.915
task-related faultline	1 700	0.624	0.146	0.344	0.620	0.921
board tenure	1 968	3.665	1.944	0.411	3.292	10.169
HHI	1 797	0.125	0.104	0.019	0.088	0.883
firmsize	2 009	7.758	1.292	3.738	7.776	11.06
leverage	1 887	1.527	1.260	0	1.161	9.500
ROA	2 053	0.035	0.063	−0.289	0.032	0.211
cash	2 017	0.041	0.071	−0.212	0.039	0.260
growth	1 995	0.216	0.473	−0.660	0.131	4.503
shareholder	2 053	0.540	0.158	0.104	0.539	0.974
SOE	2 053	0.438	0.496	0	0	1
duality	2 053	0.208	0.406	0	0	1
boardsize	2 053	8.784	1.848	5	9	18
independence	2 032	0.319	0.120	0	0.333	0.667
M&A_size	1 891	18.70	2.164	9.326	18.75	23.29
method	2 053	0.809	0.394	0	1	1

资料来源：根据stata描述性统计结果整理。

表5-3给出了检验董事会群体断裂带强度与并购溢价关系所用样本各变量之间的相关性检验结果。通过表5-3可以看出董事会关系型群体断裂带强度（relationship faultline）与并购溢价（premium）的相关系数为0.092，方向与研究假设一致，且在1%的显著性水平显著，董事会任务型群体断裂带强度（task-related faultline）与并购溢价（premium）的相关系数为−0.099，方向与研究假设一致，且在1%的显著性水平显著。同时相关性检验结果表明各变量之间的相关系数均小于0.5，表明各变量之间不存在多重共线性。为了进一步测试相关性较高的变量是否对实证结果有重要影响，本章进行方差膨胀因子测算，各变量的VIF值介于1.37到2.60之间，远低于10，说明本章回归模型不存在严重的多重共线性问题。

表5-3　　董事会群体断裂带与企业并购溢价关系研究样本变量相关性检验结果

	1	2	3	4	5	6	7	8	9	10	11	12	13	14	15	16
1.premium	1															
2.relationship faultline	0.092**	1														
3.task-related faultline	-0.099**	-0.066**	1													
4.board tenure	-0.020	0.014	0.091**	1												
5.HHI	-0.020	0.014	0.091**	0.072**	1											
6.firmsize	0.044*	-0.018	0.140**	0.147**	0.047*	1										
7.leverage	0.034	-0.020	-0.013	-0.015	-0.026	0.041	1									
8.ROA	0.012	0.013	0.067**	0.076**	0.021	0.108**	-0.307**	1								
9.cash	0.003	0.014	0.069**	0.062**	0.080**	0.131**	-0.088**	0.281**	1							
10.growth	-0.027	-0.010	-0.028	-0.088**	-0.035	-0.053*	-0.055*	0.164**	-0.005	1						
11.shareholder	-0.002	0.009	0.015	-0.075**	0.058*	0.149**	-0.127**	0.196**	0.087**	0.100**	1					
12.SOE	0.019	-0.015	-0.055*	-0.113**	-0.099**	0.237**	0.072**	-0.047*	0.053*	-0.017	0.027	1				
13.duality	-0.024	0.012	-0.003	0.043	-0.026	-0.027	-0.002	0.025	-0.006	-0.025	-0.026	-0.192**	1			
14.boardsize	-0.018	-0.120**	-0.056**	-0.034	0.061**	0.196**	0.029	0.033	0.079**	-0.006	0.052*	0.238**	-0.137**	1		
15.independence	-0.051*	-0.001	0.032	0.037	0.024	0.010	0.000	-0.002	-0.025	-0.017	0.005	-0.019	-0.003	0.010	1	
16.M&A_size	-0.021	-0.041	0.079**	0.051*	0.073**	0.063*	0.009	-0.020	-0.015	0.074**	0.080**	0.009	-0.029	0.023	0.005	1
17.method	0.032	0.020	-0.058**	0.001	-0.061**	0.128**	0.000	0.066**	0.013	-0.004	0.039	-0.012	0.018	0.046*	0.027	-0.497**

注: *, **分别代表5%, 1%的显著性水平。

资料来源: 根据stata相关性检验结果整理。

5.3.2　回归结果

关于董事会群体断裂带对企业并购溢价影响的检验，由于被解释变量企业并购溢价（premium）为连续变量，结合 Hausman 检验的结果，本章选择 OLS 模型的随机效应进行回归分析（Malhotra，Zhu，Reus，2015）。表5-4给出了关于董事会群体断裂带与企业并购溢价的实证分析结果。模型1为以并购溢价（premium）为被解释变量且仅包含控制变量的基准模型。模型2—模型4考察了董事会关系型群体断裂带与任务型群体断裂带对企业并购溢价的影响。模型2在基准模型的基础上引入了董事会关系型群体断裂带强度（relationship faultline），结果显示关系型群体断裂带的回归系数显著为正（系数为0.327，在1%的显著性水平显著），这表明随着董事会关系型群体断裂带强度的提高，企业并购溢价也随之增加，与本章假设 H5.1 保持一致。模型3在基准模型的基础上引入了董事会任务型群体断裂带强度（task-related faultline），结果显示任务型群体断裂带的回归系数显著为负（系数为-0.401，在1%的显著性水平显著），这表明随着董事会任务型群体断裂带强度的提高，企业并购溢价也随之下降，与本章假设 H5.2保持一致。模型4在基准模型的基础上同时引入了董事会关系型群体断裂带强度（relationship faultline）与任务型群体断裂带强度（task-related faultline），结果显示关系型群体断裂带强度（relationship faultline）的回归系数显著为正（系数为0.417，在1%的显著性水平显著），任务型群体断裂带强度（task-related faultline）的回归系数显著为负（系数为-0.395，在1%的显著性水平显著），这一结果表明董事会中的关系型群体断裂带与企业并购溢价之间存在正相关关系，而任务型群体断裂带与企业并购溢价之间存在负相关关系，与本章假设 H5.1 和假设 H5.2 保持一致。

表5-5为董事会任期与行业竞争程度对董事会群体断裂带强度与并购溢价关系的调节作用的回归分析结果。模型1—模型3考察了董事会任期的调节作用。模型1在基准模型的基础上引入了董事会关系型群体断裂带强度（relationship faultline）、董事会任期（board tenure）以及

表5-4 　　　　　　　　　　　董事会群体断裂带强度
与企业并购溢价（premium）回归结果

	模型1	模型2	模型3	模型4
	premium			
relationship faultline		0.327***		0.417***
		（0.115）		（0.135）
task-related faultline			−0.401***	−0.395***
			（0.102）	（0.102）
firmsize	0.019	0.019*	0.026*	0.028*
	（0.011）	（0.011）	（0.015）	（0.015）
leverage	0.003	0.003	0.008	0.008
	（0.010）	（0.010）	（0.011）	（0.011）
ROA	−0.154	−0.156	0.032	0.033
	（0.327）	（0.326）	（0.383）	（0.382）
cash	0.084	0.057	0.197	0.175
	（0.181）	（0.181）	（0.206）	（0.205）
growth	−0.021	−0.018	−0.034	−0.029
	（0.026）	（0.026）	（0.029）	（0.029）
shareholder	−0.033	−0.030	−0.054	−0.049
	（0.082）	（0.082）	（0.105）	（0.104）
SOE	−0.004	−0.005	−0.016	−0.018
	（0.028）	（0.028）	（0.037）	（0.037）
duality	−0.015	−0.016	−0.059	−0.059
	（0.031）	（0.031）	（0.037）	（0.036）
boardsize	−0.007	−0.004	−0.010	−0.007
	（0.007）	（0.007）	（0.009）	（0.009）
independence	−0.281***	−0.288***	−0.236**	−0.248**
	（0.099）	（0.099）	（0.113）	（0.113）
M&A_size	−0.002	−0.003	−0.007	−0.009
	（0.007）	（0.007）	（0.008）	（0.008）
method	0.010	0.006	0.029	0.023
	（0.037）	（0.037）	（0.041）	（0.041）
industry	yes	yes	yes	yes
year	yes	yes	yes	yes
C	−0.110	−0.350*	0.143	−0.148
	（0.189）	（0.206）	（0.246）	（0.264）
N	1 639	1 634	1 355	1 350
R^2	0.0256	0.0314	0.0427	0.0531

注：括号中为标准误，*、**、***分别代表10%、5%、1%的显著性水平。

资料来源：根据stata回归结果整理。

董事会关系型群体断裂带强度（relationship faultline）与董事会任期（board tenure）的交乘项（relationship faultline×board tenure），结果显示交乘项（relationship faultline×board tenure）的回归系数显著为负（系数为−0.057，在5%的显著性水平显著），该回归结果表明董事会任期削弱了董事会关系型群体断裂带强度对企业并购溢价的正向影响，即董事会任期越长，董事会关系型群体断裂带强度对企业并购溢价的正向影响越弱，与本章假设H5.3保持一致。模型2在基准模型的基础上引入了董事会任务型群体断裂带强度（task-related faultline）、董事会任期（board tenure）以及董事会任务型群体断裂带强度（task-related faultline）与董事会任期（board tenure）的交乘项（task-related faultline×board tenure），结果显示交乘项（task-related faultline×board tenure）的回归系数显著为正（系数为0.249，在1%的显著性水平显著），这一回归结果表明董事会任期减弱了董事会任务型群体断裂带强度对企业并购溢价的负向影响，即董事会任期越长，董事会任务型群体断裂带强度对企业并购溢价的负向影响越弱，与本章假设H5.4保持一致。模型3在基准模型的基础上引入了董事会任期（board tenure）以及董事会关系型群体断裂带强度（relationship faultline）与董事会任期（board tenure）的交乘项（relationship faultline×board tenure）和董事会任务型群体断裂带强度（task-related faultline）与董事会任期（board tenure）的交乘项（task-related faultline×board tenure），结果显示，董事会关系型群体断裂带强度与调节变量的交乘项（relationship faultline×board tenure）的回归系数显著为负（系数为−0.158，在1%的显著性水平显著），与本章研究假设一致；董事会任务型群体断裂带强度与调节变量的交乘项（task-related faultline×board tenure）的回归系数显著为正（系数为0.220，在1%的显著性水平显著），与本章研究假设一致。

表5-5中模型4—模型6考察了行业竞争强度的调节作用。模型4在基准模型的基础上引入了董事会关系型群体断裂带强度（relationship faultline）、行业竞争程度（HHI）以及董事会关系型群体断裂带强度（relationship faultline）与行业竞争程度的交乘项（relationship faultline×HHI），

表5-5　董事会任期与行业竞争程度对董事会群体断裂带与企业并购溢价（premium）关系调节作用的回归结果

	premium					
	模型 1	模型 2	模型 3	模型 4	模型 5	模型 6
relationship faultline	0.234* (0.133)		0.945*** (0.160)	0.303** (0.126)		0.650*** (0.144)
task-related faultline		-1.272*** (0.172)	-1.117*** (0.172)		-0.914*** (0.107)	-0.830*** (0.110)
board tenure	0.028 (0.017)	-0.171*** (0.028)	-0.049 (0.036)			
relationship faultline×board tenure	-0.057** (0.025)		-0.158*** (0.029)			
task-related faultline×board tenure		0.249*** (0.038)	0.220*** (0.038)			
HHI				-2.261*** (0.280)	-2.256*** (0.262)	-2.665*** (0.338)
relationship faultline×HHI				3.428*** (0.398)		1.090* (0.576)
task-related faultline×HHI					3.919*** (0.348)	3.396*** (0.421)
firmsize	0.019* (0.010)	0.027* (0.015)	0.032** (0.014)	0.035*** (0.012)	0.041*** (0.015)	0.042** (0.015)
leverage	0.001 (0.009)	0.010 (0.011)	0.008 (0.011)	0.007 (0.010)	0.013 (0.011)	0.012 (0.011)
ROA	-0.220 (0.288)	-0.023 (0.378)	-0.089 (0.371)	-0.065 (0.340)	0.163 (0.389)	0.128 (0.383)
cash	-0.133 (0.163)	0.196 (0.203)	0.153 (0.200)	0.053 (0.189)	0.171 (0.207)	0.136 (0.205)

续表

	模型 1	模型 2	模型 3	模型 4	模型 5	模型 6
growth	-0.024	-0.038	-0.036	-0.016	-0.034	-0.025
	(0.024)	(0.029)	(0.028)	(0.028)	(0.029)	(0.029)
shareholder	-0.002	-0.017	-0.007	-0.029	-0.077	-0.070
	(0.073)	(0.105)	(0.101)	(0.086)	(0.104)	(0.102)
SOE	-0.027	-0.016	-0.018	-0.020	-0.032	-0.035
	(0.024)	(0.037)	(0.036)	(0.029)	(0.036)	(0.036)
duality	-0.025	-0.056	-0.057	-0.006	-0.064*	-0.060*
	(0.027)	(0.036)	(0.035)	(0.032)	(0.036)	(0.036)
boardsize	0.003	-0.011	-0.008	0.003	-0.010	-0.003
	(0.006)	(0.009)	(0.009)	(0.007)	(0.009)	(0.009)
independence	-0.133	-0.239**	-0.228**	-0.268***	-0.222**	-0.222**
	(0.091)	(0.111)	(0.110)	(0.101)	(0.112)	(0.110)
M&A_size	-0.002	-0.009	-0.011	-0.006	-0.016**	-0.017**
	(0.006)	(0.008)	(0.008)	(0.007)	(0.008)	(0.008)
method	0.003	0.022	0.015	0.006	-0.004	-0.005
	(0.033)	(0.040)	(0.040)	(0.038)	(0.041)	(0.041)
industry	yes	yes	yes	yes	yes	yes
year	yes	yes	yes	yes	yes	yes
C	-0.166	0.683***	-0.023	-0.474**	0.507**	-0.036
	(0.175)	(0.257)	(0.276)	(0.215)	(0.241)	(0.257)
N	1 561	1 355	1 350	1 474	1 242	1 237
R^2	0.0165	0.0688	0.1002	0.1073	0.1420	0.1697

注：括号中为标准误，*、**、***分别代表 10%、5%、1% 的显著性水平。

资料来源：根据 stata 回归结果整理。

结果显示交乘项（relationship faultline×HHI）的回归系数显著为正（系数为 3.428，在 1% 的显著性水平显著），由于赫芬达尔指数为反指标，即赫芬达尔指数越小行业竞争程度越大，因此该回归结果表明行业竞争程度减弱了董事会关系型群体断裂带强度对企业并购溢价的正向影响，即行业竞争程度越大，董事会关系型群体断裂带强度对企业并购溢价的正向影响越弱，与本章假设 H5.5 保持一致。模型 5 在基准模型的基础上引入了董事会任务型群体断裂带强度（task-related faultline）、行业竞争程度（HHI）以及董事会任务型群体断裂带强度（task-related faultline）与行业竞争程度的交乘项（task-related faultline×HHI），结果显示交乘项（task-related faultline×HHI）的回归系数显著为正（系数为 3.919，在 1% 的显著性水平显著），这一回归结果表明行业竞争程度增强了董事会任务型群体断裂带强度对企业并购溢价的负向影响，即行业竞争程度越大，董事会任务型群体断裂带强度对企业并购溢价的负向影响越强，与本章假设 H5.6 保持一致。模型 6 在基准模型的基础上引入调节变量行业竞争程度（HHI）以及董事会关系型群体断裂带强度（relationship faultline）与行业竞争程度的交乘项（relationship faultline×HHI）和董事会任务型群体断裂带强度（task-related faultline）与行业竞争程度的交乘项（task-related faultline×HHI），结果显示，董事会关系型群体断裂带强度与行业竞争程度的交乘项（relationship faultline×HHI）的回归系数显著性为正（系数为 1.090，在 10% 的显著性水平显著），与本章研究假设一致；董事会任务型群体断裂带强度与行业竞争程度的交乘项（task-related faultline×HHI）的回归系数显著为正（系数为 3.396，在 1% 的显著性水平显著），与本章研究假设一致。

5.3.3　稳健性检验

为保证本章结果的稳健性，结合现有文献，本章进行了如下稳健性检验：

首先，本章用于检验董事会群体断裂带强度与并购溢价关系的研究样本中很多上市公司参与了不止一次收购，这些上市公司的观测值之间可能存在相关性，为解决这一问题，本章参照已有研究（Lee 等，2019）选择广义估计方程（GEE）对本章研究结果进行检验。广义估计方程是一种分析非平衡纵向数据的标准方法，这种方法可以解决数据中存在的自相关和异方差问题（Liang，Zeger，1986；Aguinis，Gottfredson，Joo，2013）。表5-6为董事会群体断裂带强度与企业并购溢价的GEE模型回归结果，结果表明董事会关系型群体断裂带强度（relationship faultline）与企业并购溢价（premium）呈正相关，董事会任务型群体断裂带强度（task-related faultline）与企业并购溢价（premium）呈负相关。表5-7为董事会任期与行业竞争程度对董事会群体断裂带强度与并购溢价关系调节作用的GEE回归结果，结果表明董事会任期（board tenure）对董事会关系型群体断裂带强度（relationship faultline）与企业并购溢价（premium）的关系起到负向调节作用，对董事会任务型群体断裂带强度（task-related faultline）与企业并购溢价（premium）的关系起到正向调节作用；同时行业竞争程度（HHI）对董事会关系型群体断裂带强度（relationship faultline）与企业并购溢价（premium）的关系以及董事会任务型群体断裂带强度（task-related faultline）与企业并购溢价（premium）的关系均起到正向的调节作用。表5-6和表5-7与前文实证结果一致，保证了本章结论的稳健性。

表5-6　　董事会群体断裂带强度与并购溢价的GEE回归结果

	模型1	模型2	模型3	模型4
	premium			
relationship faultline		0.335*** (0.112)		0.467*** (0.123)
task-related faultline			−0.366*** (0.094)	−0.354*** (0.094)
firmsize	0.019* (0.011)	0.019* (0.011)	0.029** (0.013)	0.030** (0.013)
leverage	0.003 (0.010)	0.003 (0.010)	0.006 (0.011)	0.007 (0.011)
ROA	−0.158 (0.321)	−0.161 (0.319)	0.112 (0.353)	0.102 (0.351)

续表

	模型1	模型2	模型3	模型4
cash	0.079	0.051	0.223	0.189
	(0.179)	(0.179)	(0.198)	(0.198)
growth	−0.021	−0.018	−0.034	−0.029
	(0.025)	(0.025)	(0.029)	(0.028)
shareholder	−0.032	−0.030	−0.102	−0.098
	(0.080)	(0.080)	(0.089)	(0.088)
SOE	−0.004	−0.005	−0.014	−0.017
	(0.027)	(0.027)	(0.029)	(0.029)
duality	−0.015	−0.016	−0.055*	−0.055*
	(0.030)	(0.030)	(0.033)	(0.032)
boardsize	−0.007	−0.004	−0.010	−0.006
	(0.007)	(0.007)	(0.008)	(0.008)
independence	−0.282***	−0.290***	−0.295***	−0.306***
	(0.098)	(0.098)	(0.110)	(0.109)
M&A_size	−0.002	−0.003	−0.008	−0.009
	(0.007)	(0.007)	(0.008)	(0.008)
method	0.008	0.005	0.016	0.011
	(0.036)	(0.036)	(0.040)	(0.040)
industry	yes	yes	yes	yes
year	yes	yes	yes	yes
C	−0.110	−0.356*	0.178	−0.163
	(0.185)	(0.201)	(0.216)	(0.234)
N	1 639	1 634	1 355	1 350
χ^2	42.01	51.54	63.67	79.05

注：括号中为标准误，*、**、***分别代表10%、5%、1%的显著性水平。

资料来源：根据stata回归结果整理。

表5-7 董事会任期与行业竞争程度对董事会群体断裂带强度与并购溢价（premium）关系调节作用的GEE回归结果

	premium					
	模型 1	模型 2	模型 3	模型 4	模型 5	模型 6
relationship faultline	0.226* (0.132)		0.981*** (0.152)	0.304** (0.122)		0.600*** (0.135)
task-related faultline		-1.181*** (0.167)	-1.031*** (0.167)		-0.884*** (0.102)	-0.789*** (0.105)
board tenure	0.030* (0.017)	-0.158*** (0.028)	-0.037 (0.035)			
relationship faultline×board tenure	-0.058** (0.024)		-0.157*** (0.028)			
task-related faultline×board tenure		0.230*** (0.037)	0.202*** (0.037)			
HHI				-2.260*** (0.274)	-2.298*** (0.249)	-2.695*** (0.324)
relationship faultline×HHI				3.407*** (0.391)		1.143** (0.561)
task-related faultline×HHI					3.830*** (0.347)	3.268*** (0.418)

续表

	模型 1	模型 2	模型 3	模型 4	模型 5	模型 6
firmsize	0.021**	0.030**	0.034***	0.036***	0.044***	0.044***
	(0.010)	(0.013)	(0.012)	(0.012)	(0.013)	(0.013)
leverage	0.001	0.009	0.008	0.006	0.011	0.010
	(0.009)	(0.011)	(0.011)	(0.010)	(0.011)	(0.011)
ROA	-0.199	0.073	0.008	-0.073	0.175	0.138
	(0.289)	(0.349)	(0.344)	(0.330)	(0.360)	(0.356)
cash	-0.114	0.223	0.178	0.038	0.162	0.115
	(0.162)	(0.196)	(0.193)	(0.185)	(0.200)	(0.198)
growth	-0.025	-0.038	-0.034	-0.016	-0.035	-0.025
	(0.024)	(0.028)	(0.028)	(0.027)	(0.029)	(0.029)
shareholder	-0.013	-0.056	-0.046	-0.027	-0.108	-0.098
	(0.074)	(0.089)	(0.088)	(0.082)	(0.090)	(0.089)
SOE	-0.029	-0.011	-0.012	-0.020	-0.031	-0.034
	(0.025)	(0.030)	(0.029)	(0.027)	(0.030)	(0.029)
duality	-0.023	-0.053*	-0.054*	-0.005	-0.061*	-0.058*
	(0.028)	(0.032)	(0.032)	(0.031)	(0.032)	(0.032)

续表

	模型 1	模型 2	模型 3	模型 4	模型 5	模型 6
boardsize	0.002	-0.011	-0.008	0.003	-0.009	-0.002
	(0.006)	(0.007)	(0.008)	(0.007)	(0.007)	(0.007)
independence	-0.130	-0.300***	-0.280***	-0.271***	-0.262**	-0.260**
	(0.090)	(0.108)	(0.107)	(0.099)	(0.108)	(0.107)
M&A_size	-0.002	-0.009	-0.011	-0.006	-0.016**	-0.016**
	(0.006)	(0.008)	(0.008)	(0.007)	(0.008)	(0.008)
method	0.001	0.011	0.008	0.006	-0.011	-0.009
	(0.033)	(0.040)	(0.039)	(0.037)	(0.040)	(0.040)
industry	yes	yes	yes	yes	yes	yes
year	yes	yes	yes	yes	yes	yes
C	-0.141	0.689***	-0.059	-0.476**	0.536**	0.001
	(0.176)	(0.230)	(0.253)	(0.208)	(0.217)	(0.235)
N	1 561	1 355	1 350	1 474	1 242	1 237
χ^2	93.228	103.654	153.043	175.980	209.248	256.448

注：括号中为标准误，*、**、***分别代表10%、5%、1%的显著性水平。

资料来源：根据stata回归结果整理。

其次，由于本章仅以发生并购的上市公司为样本，可能存在样本选择偏误问题，因此本章通过 Heckman 两阶段回归解决这一问题（Heckman，1979）。已有研究指出，企业的并购经验是影响企业并购决策的重要因素之一，具体而言，与没有并购经验的上市公司相比，拥有并购经验的上市公司更可能发起并购（Hayward，2002；Arikan，McGahan，2010）。因此本章选择企业并购经验（M&A experience）作为工具变量，该变量为虚拟变量，如果企业在目标年份之前三年内发生过并购则取值为 1，否则为 0（Malhotra 等，2018）。本章将企业是否发生并购（M&A）作为被解释变量，将企业并购经验（M&A experience）作为解释变量，同时加入其他影响企业是否发生并购的控制变量（包括企业规模（firmsize），企业资产负债率（leverage），企业盈利能力（ROA），企业自由现金流（cash），企业成长性（growth），企业大股东持股（shareholder），企业性质（SOE），董事长与 CEO 两职合一（duality），董事会规模（board），董事会独立性（independence））进行 Probit 回归作为 Heckman 第一阶段回归，并且计算得出逆米尔斯率（mills）。然后本章将逆米尔斯率（mills）引入董事会群体断裂带强度与并购溢价回归模型中作为 Heckman 第二阶段回归。

表 5-8 为董事会群体断裂带强度与并购溢价 Heckman 两阶段回归结果，其中，模型 1 为 Heckman 第一阶段回归，结果显示企业并购经验（M&A experience）的回归系数显著为正（系数为 0.334，在 1% 的显著性水平显著），表明企业的并购经验会增加企业发起并购的概率，与现有研究结论一致（Arikan，McGahan，2010）。模型 2—模型 4 为 Heckman 第二阶段回归，回归结果显示董事会关系型群体断裂带强度对并购溢价的回归系数均显著为正，表明随着董事会关系型群体断裂带的增强，企业支付的并购溢价也越来越高；董事会任务型群体断裂带强度对并购溢价的回归系数显著为负，表明随着董事会任务型群体断裂带的增强，企业支付的并购溢价越来越低。

表 5-9 为董事会任期与行业竞争程度对董事会群体断裂带强度与并购溢价关系调节作用的 GEE 回归结果，结果表明董事会任期（board tenure）对董事会关系型群体断裂带强度（relationship faultline）

与企业并购溢价（premium）的关系起到负向调节作用，对董事会任务型群体断裂带强度（task - related faultline）与企业并购溢价（premium）的关系起到正向调节作用；同时行业竞争程度（HHI）对董事会关系型群体断裂带强度（relationship faultline）与企业并购溢价（premium）的关系以及董事会任务型群体断裂带强度（task-related faultline）与企业并购溢价（premium）的关系起到正向的调节作用。表5-8和表5-9与前文实证结果一致，保证了本章结论的稳健性。

表5-8　　　　　　　董事会群体断裂带强度

与并购溢价Heckman两阶段回归结果

	模型1	模型2	模型3	模型4
	M&A	premium		
M&A experience	0.334***			
	(0.043)			
relationship faultline		0.316***		0.401***
		(0.115)		(0.136)
task-related faultline			−0.415***	−0.407***
			(0.102)	(0.102)
firmsize	0.092***	0.141	0.250**	0.229**
	(0.010)	(0.088)	(0.110)	(0.110)
leverage	−0.003	0.002	0.005	0.006
	(0.004)	(0.010)	(0.011)	(0.011)
ROA	−0.055**	−0.164	0.055	0.051
	(0.028)	(0.326)	(0.383)	(0.382)
cash	−0.444***	−0.204	−0.282	−0.255
	(0.136)	(0.261)	(0.311)	(0.310)
growth	0.130***	0.110	0.199*	0.181
	(0.020)	(0.095)	(0.117)	(0.117)

续表

	模型 1	模型 2	模型 3	模型 4
shareholder	0.018	−0.393	−0.719**	−0.649*
	(0.076)	(0.273)	(0.341)	(0.341)
SOE	−0.323***	−0.269	−0.500**	−0.454*
	(0.027)	(0.192)	(0.239)	(0.239)
duality	0.050*	−0.028	−0.078**	−0.076**
	(0.027)	(0.032)	(0.038)	(0.038)
boardsize	−0.013	−0.014	−0.028**	−0.023*
	(0.008)	(0.010)	(0.012)	(0.012)
independence	−0.628**	−0.291***	−0.238**	−0.248**
	(0.246)	(0.099)	(0.113)	(0.113)
M&A_size		−0.003	−0.008	−0.009
		(0.007)	(0.008)	(0.008)
method		0.006	0.028	0.022
		(0.037)	(0.041)	(0.041)
mills		1.383	2.540**	2.291*
		(0.993)	(1.240)	(1.237)
industry	yes	yes	yes	yes
Year	yes	yes	yes	yes
C	−1.057***	−2.300	−3.444*	−3.373*
	(0.183)	(1.416)	(1.769)	(1.762)
N	13 105	1 633	1 354	1 349
pseudo R^2	0.035			
R^2		0.0328	0.0474	0.0569

注：括号中为标准误，*、**、***分别代表10%、5%、1%的显著性水平。

资料来源：根据stata回归结果整理。

表5-9 董事会任期与行业竞争程度调节作用的Heckman回归结果

	模型 1	模型 2	模型 3	模型 4	模型 5	模型 6
			premium			
relationship faultline	0.230*		0.940***	0.297**		0.638***
	(0.133)		(0.160)	(0.126)		(0.144)
task-related faultline		-1.247***	-1.093***		-0.929***	-0.844***
		(0.169)	(0.170)		(0.107)	(0.110)
board tenure	0.029*	-0.164***	-0.041			
	(0.017)	(0.027)	(0.035)			
relationship faultline×board tenure	-0.058**		-0.159***			
	(0.025)		(0.029)			
task-related faultline×board tenure		0.245***	0.216***			
		(0.037)	(0.038)			
HHI				-2.255***	-2.240***	-2.645***
				(0.280)	(0.262)	(0.338)
relationship faultline×HHI				3.425***		1.071*
				(0.398)		(0.576)
task-related faultline×HHI					3.901***	3.391***
					(0.348)	(0.421)

续表

	模型 1	模型 2	模型 3	模型 4	模型 5	模型 6
firmsize	0.019	0.012	0.012	0.126	0.269**	0.228**
	(0.013)	(0.021)	(0.021)	(0.091)	(0.107)	(0.106)
leverage	0.000	0.010	0.008	0.006	0.010	0.010
	(0.009)	(0.011)	(0.011)	(0.010)	(0.011)	(0.011)
ROA	-0.223	-0.084	-0.156	-0.073	0.179	0.140
	(0.290)	(0.374)	(0.367)	(0.340)	(0.389)	(0.383)
cash	-0.126	0.215	0.177	-0.139	-0.313	-0.257
	(0.164)	(0.204)	(0.202)	(0.268)	(0.307)	(0.302)
growth	-0.024	-0.053	-0.055*	0.079	0.204*	0.170
	(0.027)	(0.032)	(0.032)	(0.098)	(0.115)	(0.113)
shareholder	-0.005	0.039	0.062	-0.299	-0.749**	-0.620*
	(0.077)	(0.112)	(0.109)	(0.280)	(0.331)	(0.327)
SOE	-0.026	0.016	0.023	-0.216	-0.523**	-0.435*
	(0.033)	(0.052)	(0.051)	(0.196)	(0.232)	(0.229)
duality	-0.024	-0.056	-0.056	-0.014	-0.084*	-0.076**
	(0.028)	(0.036)	(0.035)	(0.033)	(0.037)	(0.037)

续表

	模型 1	模型 2	模型 3	模型 4	模型 5	模型 6
boardsize	0.002	-0.010	-0.007	-0.004	-0.027**	-0.017
	(0.006)	(0.009)	(0.009)	(0.010)	(0.012)	(0.012)
independence	-0.130	-0.233**	-0.219**	-0.271***	-0.225**	-0.224**
	(0.091)	(0.110)	(0.109)	(0.102)	(0.112)	(0.110)
M&A_size	-0.002	-0.007	-0.009	-0.006	-0.016**	-0.017**
	(0.006)	(0.008)	(0.008)	(0.007)	(0.008)	(0.008)
method	0.003	0.027	0.022	0.006	-0.004	-0.005
	(0.033)	(0.040)	(0.039)	(0.038)	(0.041)	(0.041)
mills	-0.009	-0.175	-0.216	1.031	2.585**	2.111*
	(0.132)	(0.179)	(0.178)	(1.018)	(1.207)	(1.189)
industry	yes	yes	yes	yes	yes	yes
Year	yes	yes	yes	yes	yes	yes
C	-0.172	1.098***	0.414	-1.930	-3.144*	-3.008*
	(0.259)	(0.336)	(0.350)	(1.454)	(1.723)	(1.694)
N	1 560	1 354	1 349	1 473	1 241	1 236
R²	0.0157	0.0643	0.0955	0.1080	0.1462	0.1727

注：括号中为标准误，*、**、***分别代表10%、5%、1%的显著性水平。

资料来源：根据 stata 回归结果整理。

5.4　本章小结

本章主要考察了董事会关系型群体断裂带与任务型群体断裂带对企业并购溢价的影响。分类–加工理论指出，关系型群体断裂带与任务型群体断裂带在董事会中划分的子群体之间引发的群际偏见是不同的，而这种群际偏见差异会影响董事会决策中的信息加工过程最终导致企业在并购中支付不同的溢价。为了更深入地考察董事会群体断裂带在并购溢价决策中的作用机制，本章结合群际接触理论考察董事会任期与行业竞争程度在董事会关系型群体断裂带强度与任务型群体断裂带强度和企业并购溢价关系中的调节作用。

本章以2008—2019年沪深 A 股上市公司发生的并购交易事件为样本实证检验董事会不同类型群体断裂带对企业并购溢价的影响，以及董事会任期、行业竞争程度对两者关系的调节作用。研究结论表明，关系型群体断裂带在董事会中划分出若干具有不同身份特征的子群体，这些社会身份差异引发的群际偏见进一步提高了企业并购溢价决策中的不确定性，阻碍了董事会并购溢价决策中的信息加工过程，因此更可能导致企业在并购中支付过高的溢价。任务型群体断裂带在董事会中划分的子群体之间的群际偏见较小，进一步促进董事会中的信息加工过程，有利于降低企业并购溢价决策中的不确定性，有利于企业在并购中支付更低的价格。对于董事会任期的调节作用的考察表明随着董事会任期的增长，董事会关系型群体断裂带强度与并购溢价之间的正相关关系更强，董事会任务型群体断裂带强度与并购溢价之间的负相关关系更弱。对于行业竞争强度的调节作用的考察也表明激烈的行业竞争会削弱董事会中的群际偏见并提高董事会信息加工的质量，因此行业竞争程度会削弱董事会关系型群体断裂带强度对企业并购溢价的正向影响，增强董事会任务型群体断裂带强度对企业并购溢价的负向影响。

6 董事会群体断裂带与
企业并购绩效

6.1 研究假设

6.1.1 董事会群体断裂带与企业并购绩效

在企业确定进行并购之后，并购中仍然涉及很多环节，例如对并购目标的审核评估、与并购目标的谈判、并购后的整合等，这一过程复杂且充满着大量的不确定性。如何克服并购过程中的信息不对称进行更高质量的决策是影响企业并购绩效的重要因素。董事会作为企业并购的决策者，其对并购相关信息与知识的掌握与运用将直接影响到并购绩效（万良勇，郑小玲，2014）。董事会作为一个由异质化个体组成的决策群体，其中，可能存在的群体断裂带对于董事会对多样化信息的运用有着重要的影响。现有研究已经证明了多样化的决策信息有利于提高企业并购决策的有效性（Beckman，Haunschid，2002；Zhang，2010），但是董事会对于多样化信息的加工却存在着很大的差异。

关系型群体断裂带是将董事会划分为若干以身份为基础的子群体的假想线，这些子群体之间由于不同的身份认同而产生的强烈的群际偏见对董事会的信息加工产生消极的影响（Richard，Wu，Markoczy，2019）。首先，以身份为基础的子群体之间的偏见与对立会阻碍子群体的沟通，导致不同子群体之间的独特资源难以共享（Van Knippenberg等，2010；Dennis等，2015）。随着关系型群体断裂带强度的提高，信息在子群体之间的流动会变得更加困难（Gibson，Vermeulen，2003；Li，Jones，2019）。这种被破坏的沟通可能会导致董事会在并购决策中损失部分信息，因为部分子群体可能出于避免被攻击等原因而不愿将信息或知识在董事会中分享（Li，Hambrick，2005；Barkema，Shvyrkov，2007），最终由于信息没有得到充分加工而导致并购绩效下降。其次，子群体之间的偏见可能会导致某些子群体的独特信息不被识别或者不被重视。以身份为基础的子群体可能因为彼此之间的矛盾而对其他子群体的信息与知识存在偏见，导致子群体对于其他子群体提供的信息产生错误的理解与分析。信息的损失或被误解会影响企业并购中的决策质量，降低决策的准确性（Tuggle，Schnatterly，Johnson，2010）。例如，董事会可能因为缺少足够的信息而无法对并购目标进行准确的评估最终损害企业的并购绩效。基于此，本章提出如下假设：

H6.1：董事会中关系型群体断裂带强度越高，企业的并购绩效越低。

任务型群体断裂带在董事会中划分出若干以知识为基础的子群体，这些子群体对于可能存在的社会身份差异并不关注，子群体之间的信息差异才是各个子群体关注的重点（Carton，Cummings，2012；Van Knippenberg等，2004）。各个子群体能够以更加开放的态度接受其他子群体与自身不同的信息资源，而且也更倾向于向其他子群体寻求不同的信息（Copper，Patel，Thatcher，2014）。因此，任务型群体断裂带加强了子群体之间的资源共享。这种情况下不同子群体所拥有的信息资源都可以服务于董事会的并购，大量的异质性信息为董事会提供了丰富的决策依据，使其作出正确的判断，提高了企业并购的有效性、为企业创造更大的价值（Martin，Gzübüyük，Becerra，2015）。此外，随着任务型群体断裂带强度的提高，董事会中子群体之间的界限也更加清晰，因此在董事会中关于知识资源的分布更加明晰（Bunderson，Boumgarden，2010）。明晰的以知识为基础的子群体划分使得董事会成员明确各自的角色、专业、技能等，这种情况下董事会能够在并购过程中快速搜寻信息、提高并购效率、最终促进企业获得更好的并购绩效（Antino，Rico，Thatcher，2019）。基于此，本章提出如下假设：

H6.2：董事会中任务型群体断裂带强度越高，企业的并购绩效越高。

6.1.2 董事会任期的调节作用

董事会作为企业并购的主要参与者其任期是影响董事会成员关系的重要因素，本章以群际接触理论为基础进一步考察董事会任期对董事会群体断裂带与并购绩效关系的调节作用。

董事会中关系型群体断裂带增加了董事会中不同子群体之间的群际偏见，引发子群体之间的消极情感，阻碍子群体之间的信息沟通，破坏董事会的信息加工过程，使企业并购中决策质量下降最终导致企业并购绩效受损。群际接触理论指出，群际接触是缓解群际偏见改善群际关系的重要途径（Tredoux，Finchilescu，2009；Pettigrew，Tropp，2006）。董事会任期反映了董事会成员在一起工作的时间，随着董事会任期的增加，董事会成员共事的时间变长，董事会成员之间接触的机会增加。董事会成员之间的接触有助于董事会成员的相互了解，消除子群体之间的刻板印象与消极情感，从而增强不同子群体之间的合作意愿。董事会成员可以跨越子群体边界进行信息的沟通与交流，从而增加董事会群体决策中可用的信息资源，同时降低了群际偏见对董事会信息加工过程的消极影响，因此有利于增强董事会决策的准确性和合理性，提高企业的并购绩效。基于此，本章提出如下假设：

H6.3：董事会任期负向调节董事会关系型群体断裂带强度与企业并购绩效的关系，具体而言，随着董事会任期的增加，企业董事会关系型群体断裂带强度与企业并购绩效的负向关系减弱。

任务型群体断裂带促使董事会将子群体之间的差异作为获取信息的

来源（Chung，Jackson，2013；Chung，2015），进而增加董事会在决策中的信息并且减少了信息加工过程可能出现的偏误，从而提高董事会的决策质量，促进企业并购绩效的提高。但是，随着董事会成员任期的增加，任务型群体断裂带的正向影响被减弱。这是因为虽然董事会成员之间因共事时间的增加有了更多的接触，但是，随着时间的推移，成员之间在与任务相关的特征方面的差异能够为董事会提供的信息资源逐渐减少，董事会成员很难通过与其他子群体成员的交流与沟通获取新的信息。由于缺少新的信息来源，与董事会成员刚刚聚集在一起工作的初期相比，在董事会成员一起工作的中后期董事会成员对信息的加工可能出现思维模式固化等问题，从而影响其决策质量最终导致企业并购绩效降低。基于此，本章提出如下假设：

H6.4：董事会任期负向调节董事会任务型群体断裂带强度与企业并购绩效的关系，具体而言，随着董事会任期的增加，企业董事会任务型群体断裂带强度与企业并购绩效的正向关系减弱。

6.1.3 行业竞争程度的调节作用

行业竞争程度衡量了董事会工作环境的差异，根据已有研究本章进一步考察这种环境差异对董事会群体断裂带与并购绩效的影响。具体而言，行业竞争强度有效缓解了董事会关系型群体断裂带对并购绩效的消极影响。行业竞争增强了市场对于董事会的有效监督，董事会成员只有取得令股东满意的业绩才能避免被市场淘汰（陈信元等，2014）。这就激励董事会规避可能破坏其效率的因素以提高其决策质量与努力程度（Karuna，2007）。对于存在关系型群体断裂带的董事会而言，关系型群体断裂带引发的群际偏见破坏了董事会在并购过程中的信息加工，降低了与并购相关的决策的质量，最终导致企业的并购绩效下降。而激烈的行业竞争则减弱了关系型群体断裂带对并购绩效的消极影响。受到竞争压力的影响，董事会成员为提高决策质量会忽视不同子群体之间社会身份的差异而最大限度地利用这些差异为其决策提供有用的资源。例如，如果企业处于竞争强度较高的行业中，董事会成员不再因年龄差异而对彼此产生偏见，而是充分利用不同年龄的成员所提供的差异化信息提高决策质量为企业带来更好的并购绩效。基于此，本章提出如下假设：

H6.5：行业竞争程度负向调节董事会关系型群体断裂带强度与企业并购绩效的关系，具体而言，随着企业所处行业竞争程度的增强，企业董事会关系型群体断裂带强度与企业并购绩效的负向关系减弱。

对于任务型群体断裂带，行业竞争的加剧放大了董事会任务型群体断裂带对企业并购的积极影响。行业竞争提高了董事会工作的努力程度及其提高企业绩效的动力。根据分类-加工理论，任务型群体断裂带有利于规避董事会不同子群体之间的群际偏见，从而提高董事会在并购中的信息加工效率，进而提高企业的并购绩效。在行业竞争程度较高的环境中，董事会成员会减少懈怠，在群体决策中更加努力地发挥自身的作用，任务型群体断裂带的存在表明董事会成员之间有着显著的差异性，行业竞争的压力促使董事会成员更加积极地向董事会提供与并购决策相关的多样化信息。在董事会的决策过程中，行业竞争也促使董事会成员更努力地进行信息加工，最大限度地利用其所掌握的信息作出正确的决策为企业并购创造更大的价值。基于此，本章提出如下假设：

H6.6：行业竞争程度正向调节董事会任务型群体断裂带强度与企业并购绩效的关系，具体而言，随着企业所处行业竞争程度的增强，企业董事会任务型群体断裂带强度与企业并购绩效的正向关系增强。

6.2　研究设计

6.2.1　样本选择与数据来源

由于我国上市公司自2008年才开始披露详细的董事会成员背景信息，因此本章选取2008—2019年我国沪深A股上市公司作为研究样本。具体而言，本章根据上市公司进行的并购交易事件对研究样本进行如下筛选：首先，从国泰安数据库的"中国上市公司并购重组研究数据库"中获取2008—2019年发生的并购交易事件作为初选样本，并且从初选样本中剔除金融行业企业发生的并购交易事件。其次，剔除并购交易未取得成功的交易事件。再次，对于在一年内发生多起并购交易事件的公司，本章剔除了除其当年发生的第一起并购交易事件以外的并购交易事件。最终本章样本由 2 344 家公司 2008—2019 年的非平衡面板数据构成，共计 8 076 个观测值。

本章研究数据主要来自国泰安数据库。具体而言，与上市公司并购相关的数据来自国泰安数据库的"中国上市公司并购重组研究数据库"，与上市公司董事会成员个人特征相关的数据主要来自国泰安数据库人物特征系列中的"上市公司人物特征"数据库以及公司研究系列中的"高管动态"数据库；与上市公司财务指标相关的数据来自国泰安数据库的"财务报表"数据库、"财务指标分析"数据库等；与上市公司治理相关的数据来自国泰安数据库的"中国上市公司治理结构研究数据库"。为了确保样本数据的质量，本章对缺失数据进行手工补充与完善，这部分数据主要来自巨潮资讯网（http：//www.cninfo.com.cn/new/index）、新浪财经（https：//finance.sina.com.cn/）、和讯网（http：//www.hexun.com/）、百度（https：//www.baidu.com/）等。

6.2.2 变量说明

（1）被解释变量。

本章被解释变量为并购绩效（Acquisition performance）。根据已有研究（Gong 等，2019；陈仕华等，2015），本章并购绩效包括短期并购绩效和长期并购绩效。

关于企业短期并购绩效，本章运用事件研究法进行测量，该方法是以企业首次发布并购公告日前后若干个交易日内企业股票价格的累计超额收益率作为企业的并购绩效。运用事件研究法测量并购绩效首先需要设定事件窗口期。事件窗口期的选择应该合理，若事件窗口期过长则会将并购交易之外的干扰因素引入其中，若窗口期过短则无法将并购交易对股票价格的影响全部纳入其中。因此本章根据现有研究（Doukas，Petmezas，2006；Malhotra 等，2018），选择 [−2，+2] 作为事件窗口期。确定窗口期后，本章根据 Brown 和 Warner（1985）创建的市场模型计算窗口期的正常收益率。事件窗口期的正常收益率是指在没有并购交易发生的情况下企业的预期收益率。Brown 和 Warner（1985）构建的市场模型如下：

$$R_{i,t}=\alpha_i+\beta_i R_{m,t}$$

其中：$R_{i,t}$ 为 t 时期考虑现金红利再投资的股票 i 的日收益率，$R_{m,t}$ 为在 t 时期考虑现金红利再投资的市场 m 的日收益率。根据学者的普遍做法（Hayward，2002；Gong 等，2019），首先，本章选择并购宣告日前 30 天之前的 250 个交易日（大约 1 年的交易期）作为参数估计的区间。然后，利用上述估计得到的参数计算窗口期的正常收益率。最后，通过将企业在窗口期的实际收益率与正常收益率差额进行加总，得出企业的短期并购绩效。

关于企业长期并购绩效，本章通过企业总资产收益率变化值（ΔROA）进行测量。根据已有研究（Cai，Sevilir，2012；陈仕华等，2015；吴超鹏等，2008），总资产收益率变化值以企业发生并购前后两年的总资产收益率的变化量来测量。具体的测量方法如下：首先，以行业标准为依据对上市公司每一年的总资产收益率进行标准化处理；然后，以上市公司完成并购之后两年（t+1 年和 t+2 年）总资产收益率的均值与上市公司并购之前两年（t−1 年和 t−2 年）总资产收益率的均值的差值作为上市公司长期并购绩效总资产收益率变化值（ΔROA）。

（2）解释变量。

本章解释变量为董事会关系型群体断裂带强度（relationship faultline）与任务型群体断裂带强度（task-related faultline）。本章通过 Thatcher 和 Patel（2012）构建的 Fau 算式测量董事会群体断裂带的强度。这一算法考察全体群体成员在多重特征属性上的差异能够在多大程度上被子群体之间的差异所解释。Fau 算式具体如下：

$$Fau_g = \frac{\sum_{j=1}^{p}\sum_{k=1}^{2} n_k^g \left(\overline{x_{\cdot jk}} - \overline{x_{\cdot j}} \right)^2}{\sum_{j=1}^{p}\sum_{k=1}^{2}\sum_{i=1}^{n_k} \left(x_{ijk} - \overline{x_{\cdot j}} \right)^2}, g = 1, 2, \cdots, S$$

其中：x_{ijk} 代表子群体 k 中第 i 个成员在第 j 种特征的值，$\overline{x_{\cdot j}}$ 代表整个团队在特征 j 上的平均值，$\overline{x_{\cdot jk}}$ 代表子群体 k 在特征 j 上的均值，n_k^g 代表在第 g 个断裂带中第 k 个子群体中成员的数量，Fau 取各可能的断裂带的最大值。由于 Fau 公式同时将类别变量与连续变量纳入计算，为保持各变量之间的欧氏距离相等需要对类别变量进行重新编码、对连续变量重标尺度，以降低两种不同类型变量之间的不可比性（Thatcher等，2003；韩立丰，王重鸣，2010）。

对于离散的类别特征变量，先将其按照如下方式进行转换：当某一类别特征变量包括c种类型时，不同于传统的变量处理方式（一般生成c−1个虚拟变量），这里将特征变量转换为c个变量。尽管类别特征变量经过虚拟变量转换，可以将其看作连续变量，但是还存在一个单位标准化的问题（韩立丰，王重鸣，2010）。根据现有研究，本章使用重标尺度解决这一问题：对于类别特征变量转换成的虚拟变量，通过将每列虚拟变量除以$\sqrt{2}$，使属于不同类别的个体之间的欧氏距离都为1。同样地，对连续特征变量本章也重标尺度。根据现有研究，本章将年龄变量除以10，将行业经验变量除以8（Thatcher，2003）。通过以上重新编码和重标尺度，类别特征变量和连续特征变量就可以结合到基于欧氏距离思路的Fau公式中。

根据已有研究（Cooper等，2013；Bezrukova等，2009），本章将根据年龄、性别等人口统计特征形成的群体断裂带定义为关系型群体断裂带，将根据学历、任期、职业背景、是否独立董事等特征属性形成的群体断裂带定义为任务型群体断裂带。其中，董事学历分为博士研究生、硕士研究生（不包括MBA/EMBA）、MBA/EMBA、本科大专以及中专及中专以下；董事会成员的任期为其截至统计截止时间在企业任职董事的自然年数；董事会成员的职业背景分为生产、研发、人力资源、管理、市场、金融财务、法律以及其他背景。最终本章将对应的特征变量带入Fau算式分别计算得出董事会关系型群体断裂带强度（relationship faultline）与任务型群体断裂带强度（task-related faultline）。

（3）调节变量。

本章第一个调节变量为董事会任期（board tenure）。根据已有研究（Kearney，Gerbert，2009；Bunderson，2003），本章采用全体董事会成员任职期限的平均值衡量董事会任期。

本章第二个调节变量为行业竞争程度（HHI）。根据已有研究，本章采用赫芬达尔指数（HHI）对行业竞争程度进行测量（陈信元等，2013），该指数是通过行业内各企业主营业务收入占行业总主营业务收入的比重的平方和衡量行业竞争程度，具体计算公式如下：

$$HHI = \sum_i \left(\frac{x_i}{X_i} \right)^2$$

其中：x_i 为上市公司 i 在目标年份的主营业务收入，X_i 为上市公司 i 所在行业在目标年份的总主营业务收入。根据赫芬达尔指数的计算公式，该指数的取值范围为 0~1，该指数值较小，则行业内企业的主营业务收入占行业总主营业务收入的比重较小，表明行业内市场集中度较小，各企业面临着较为激烈的行业竞争；该指数值较大，则表明行业内市场集中度较高，垄断程度较高，行业内企业面临的竞争不激烈。

（4）控制变量。

根据已有研究，本章控制了可能影响企业并购战略选择的其他变量。

第一，根据已有研究，本章控制了企业层面的特征变量（Malhotra等，2018；Cuyper，Cuyper，Martin，2017），具体包括：企业规模（firmsize），通过企业员工总数的自然对数来测量；企业资产负债率（leverage），通过企业总负债与总资产的比值来测量；企业盈利能力（ROA），通过经行业调整的企业资产收益率来测量；企业自由现金流（cash），通过企业自由现金流与总资产的比值来测量；企业成长性（growth），通过企业当年收入与前一年收入之差与前一年收入的比值来测量；企业大股东持股（shareholder），通过企业前十大股东持股比例来测量；企业性质（SOE），该变量为虚拟变量，当企业为国有企业时取值为 1，否则为 0。

第二，根据已有研究，本章控制了董事会层面的变量（Shi，Zhang，Hoskisson，2017），具体包括：董事长与 CEO 两职合一（duality），该变量为虚拟变量，当董事长同时兼任 CEO 时取值为 1，否则为 0；董事会规模（boardsize），通过董事会总人数来测量；董事会独立性（independence），通过董事会中外部董事所占比例来测量。

第三，根据已有研究，本章控制了交易特征变量（Shi，Zhang，

Hoskisson，2017；Haleblian，Pfarrer，Kiley，2017），具体包括：并购规模（M&A_size），通过并购交易中买方支付的价格总额的自然对数来测量；并购支付方式（mehtod），该变量为虚拟变量，如果企业在并购中通过现金进行支付则取值为1，否则为0。

第四，本章还控制了行业（industry）及年份（year）虚拟变量。其中，行业虚拟变量按照中国证监会制定的《上市公司行业分类指引》（2012年版）标准，制造业采用二级代码分类，其他行业按一级代码分类。参考已有研究，本章将企业层面控制变量滞后一期，同时为了剔除极端值对回归结果的影响，对所有连续变量进行上下1%的缩尾（winsorize）处理（Steinbach等，2017）。上述变量符号与说明见表6-1。

表6-1 变量符号与说明

	变量	符号	说明
解释变量	董事会关系型群体断裂带强度	relationship faultline	以董事会成员年龄、性别为基础，根据Fau算式计算的群体断裂带强度
	董事会任务型群体断裂带强度	task-related faultline	以董事会成员学历、任期、职业背景、是否独立董事为基础，根据Fau算式计算的群体断裂带强度
被解释变量	短期并购绩效	CAR	以［-2，+2］为窗口期计算的企业累计超额收益率
	长期并购绩效	ΔROA	企业并购前后两年总资产收益率均值的差值
调节变量	董事会任期	board tenure	全体董事会成员任职期限的平均值
	行业竞争程度	HHI	赫芬达尔指数，行业内各企业主营业务收入占行业总主营业务收入的比重的平方和
控制变量	企业规模	firmsize	企业员工总数的自然对数
	企业资产负债率	leverage	企业总负债与总资产的比值
	企业盈利能力	ROA	经行业调整的企业资产收益率

续表

变量	符号	说明
企业自由现金流	cash	企业自由现金流与总资产的比值
企业成长性	growth	企业当年收入与前一年收入之差与前一年收入的比值
企业大股东持股	shareholder	企业前十大股东持股比例总和
企业性质	SOE	虚拟变量，如果企业为国有企业则取值为1，否则为0
董事长与CEO两职合一	duality	虚拟变量，如果董事长同时兼任CEO则取值为1，否则为0
董事会规模	boardsize	董事会总人数
董事会独立性	independence	董事会中外部董事所占比例
并购规模	M&A_size	并购交易中企业支付的价格总额的自然对数
并购支付方式	method	虚拟变量，如果企业在并购中通过现金进行支付则取值为1，否则为0
行业	industry	行业虚拟变量
年份	year	年份虚拟变量

（控制变量）

资料来源：作者整理。

6.2.3 研究模型

为了检验董事会群体断裂带对企业并购绩效的影响，本章建立如下模型：

Acquisition performance=relationship faultline+Control+ε

Acquisition performance=task-related faultline+Control+ε

其中：Acquisition performance 为并购绩效，具体包括短期并购绩效（CAR）和长期并购绩效（ΔROA）。relationship faultline 和 task-related faultline 分别为董事会关系型群体断裂带强度与任务型群体断裂带强度。Control 为控制变量，包括：企业规模（firmsize），企业资产负债率（leverage），企业盈利能力（ROA），企业自由现金流（cash），企业成长性（growth），企业大股东持股（shareholder），企业性质（SOE），董事长与CEO两职合一（duality），董事会规模（board），董事会独立性（independence），并购规模（M&A_size），并购支付方式（mehtod），行业（industry）及年份（year）。

为了检验董事会任期对董事会群体断裂带与企业并购绩效关系的调节作用，本章建立如下模型：

Acquisition performance=relationship faultline+board tenure+relationship faultline×board tenure+Control+ε

Acquisition performance=task - related faultline+board tenure+task - related faultline×board tenure+Control+ε

其中：board tenure为董事会任期。该模型在主假设检验模型基础上加入了调节变量董事会任期（board tenure）以及解释变量与调节变量的交乘项（relationship faultline×board tenure，task - related faultline×board tenure）。

为了检验行业竞争程度对董事会群体断裂带与企业并购绩效关系的调节作用，本章建立如下模型：

Acquisition performance=relationship faultline+HHI+relationship faultline×HHI+Control+ε

Acquisition performance=task-related faultline+HHI+task-related faultline×HHI+Control+ε

其中：HHI为企业所在行业的竞争程度。该模型在主假设检验模型基础上加入了调节变量行业竞争程度（HHI）以及解释变量与调节变量的交乘项（relationship faultline×HHI，task-related faultline×HHI）。

6.3　实证结果与分析

6.3.1　描述性统计与相关性分析

表6-2给出了检验董事会群体断裂带强度与并购绩效关系所用样本的描述性统计结果。通过表6-2可以看出，在全部研究样本中，短期并购绩效（CAR）的均值为0.018，最大值为0.423，最小值为-0.281，标准差为0.115，长期并购绩效（ΔROA）的均值为-0.013，最大值为0.368，

最小值为−0.493，标准差为0.094，表明企业并购绩效存在一定程度的差异。董事会关系型群体断裂带强度（relationship faultline）的均值为0.685，最大值为0.915，最小值为0.453，标准差为0.097，董事会任务型群体断裂带强度（task-related faultline）的均值为0.619，最大值为0.929，最小值为0.343，标准差为0.138，表明董事会关系型群体断裂带强度与任务型群体断裂带强度均存在一定程度的差异。

表6-2　董事会群体断裂带强度与企业并购绩效关系研究样本描述性统计

变量	样本量	均值	标准差	最小值	中位数	最大值
CAR	5 568	0.018	0.115	−0.281	0.001	0.423
ΔROA	5 210	−0.013	0.094	−0.493	−0.007	0.368
relationship faultline	7 889	0.685	0.097	0.453	0.685	0.915
task-related faultline	5 694	0.619	0.138	0.343	0.618	0.929
board tenure	7 540	3.871	2.181	0.522	3.444	12.115
HHI	7 310	0.126	0.110	0.019	0.084	1
firmsize	7 912	7.790	1.266	3.714	7.800	11.10
leverage	7 483	1.469	1.197	0	1.130	9.500
ROA	8 075	0.036	0.059	−0.289	0.034	0.211
cash	7 941	0.041	0.070	−0.215	0.041	0.260
growth	7 909	0.210	0.452	−0.660	0.132	4.575
shareholder	8 055	0.574	0.161	0.083	0.580	1.010
SOE	8 055	0.405	0.491	0	0	1
duality	8 075	0.231	0.421	0	0	1
boardsize	8 075	8.749	1.774	5	9	18
independence	7 732	0.350	0.092	0	0.333	0.714
M&A_size	7 345	18.75	2.110	9.210	18.88	23.33
method	8 076	0.828	0.378	0	1	1

资料来源：根据stata描述性统计结果整理。

表6-3给出了检验董事会群体断裂带强度与并购绩效关系所用样本各变量之间的相关性检验结果。通过表6-3可以看出，董事会关系型群体断裂带强度（relationship faultline）与短期并购绩效（CAR）的相关系数为-0.007，虽然方向与研究假设一致，但未能达到5%的显著性水平，董事会关系型群体断裂带强度（relationship faultline）与长期并购绩效（ΔROA）的相关系数为-0.083，方向与研究假设一致，且在1%的显著性水平显著。董事会任务型群体断裂带强度（task-related faultline）与短期并购绩效（CAR）的相关系数为0.042，方向与研究假设一致，且在1%的显著性水平显著。董事会任务型群体断裂带强度（task-related faultline）与长期并购绩效（ΔROA）的相关系数为0.020，虽然方向与研究假设一致，但未能达到5%的显著性水平。同时相关性检验结果表明各变量之间的相关系数均小于0.5，表明各变量之间不存在多重共线性。为了进一步测试相关性较高的变量是否对实证结果有重要影响，本章进行方差膨胀因子测算，各变量的VIF值介于1.11到2.65之间，远低于10，说明本章回归模型不存在严重的多重共线性问题。

6.3.2　回归结果

关于董事会群体断裂带对企业并购绩效影响的检验，由于被解释变量企业短期并购绩效（CAR）和长期并购绩效（ΔROA）均为连续变量，结合Hausman检验的结果，本章选择OLS模型的随机效应进行回归分析（Steinbach等，2017）。表6-4给出了以企业短期并购绩效（CAR）为被解释变量的关于董事会群体断裂带与企业并购溢价的实证分析结果。其中，模型1为以短期并购绩效（CAR）为被解释变量且仅包含控制变量的基准模型，模型2—模型4考察了董事会关系型群体断裂带与任务型群体断裂带对企业短期并购绩效的影响。模型2在基准模型的基础上引入了董事会关系型群体断裂带强度（relationship faultline），结果显示关系型群体断裂带强度（relationship faultline）的回归系数显著为负（系数为-0.032，在10%的显著性水平显著），这一结果表明随着董事会关系型群体断裂带强度的增加，企业短期并购绩效会降低，

表6-3 董事会群体断裂带强度与企业并购绩效关系研究样本相关性检验结果

	1	2	3	4	5	6	7	8	9	10	11	12	13	14	15	16	17
1.CAR	1																
2.ΔROA	-0.006	1															
3.relationship faultline	-0.007	-0.083**	1														
4.task-related faultline	0.042**	0.020	-0.057**	1													
5.board tenure	0.032*	-0.001	-0.035**	0.446**	1												
6.HHI	0.003	-0.010	0.017	0.034*	0.006	1											
7.firmsize	-0.070**	-0.005	-0.012	0.092**	0.118**	0.044**	1										
8.leverage	0.040**	0.018	-0.006	0.018	-0.003	-0.0100	0.069**	1									
9.ROA	-0.029**	-0.009	0.024*	-0.009	0.005	0.027*	0.095**	-0.319**	1								
10.cash	0.003	-0.011	0.002	0.043*	0.047**	0.066**	0.179**	-0.075**	0.315**	1							
11.growth	0.033*	0.030*	-0.012	-0.022	-0.077**	0.007	-0.030*	-0.068**	0.182**	-0.014	1						
12.share10	-0.065**	-0.022	0.023*	-0.066**	-0.128**	0.039**	0.163**	-0.106**	0.209**	0.088**	0.077**	1					
13.SOE	-0.013	0.011	-0.007	-0.023	-0.045**	-0.004	0.197**	0.103**	-0.059**	0.037**	-0.047**	-0.002	1				
14.duality	-0.003	0.039**	-0.001	-0.001	-0.013	-0.009	-0.060**	-0.038**	0.030*	-0.020	0.020	0.024*	-0.250**	1			
15.boardsize	-0.012	-0.008	-0.070**	-0.033*	0.008	0.0120	0.240**	0.061**	0.026*	0.068**	-0.020	0.020	0.248**	-0.161**	1		
16.independence	-0.011	0.004	0.013	-0.008	0.027*	0.022	0.018	0.001	0.002	-0.014	-0.013	0.030**	0.016	-0.015	0.033*	1	
17.M&A_size	0.216**	-0.026	-0.016	0.044**	0.067**	0.062**	0.102**	0.005	-0.038**	-0.002	0.059**	0.080**	0.007	-0.027*	0.003	0.030*	1
18.method	-0.368**	-0.011	0.018	-0.032*	-0.007	-0.041**	0.109**	-0.006	0.087**	0.023*	-0.022	0.045**	0.009	-0.007	0.059**	0.009	-0.466**

注：*，**分别代表5%，1%的显著性水平

资料来源：根据stata相关性检验结果整理。

与本章假设H6.1保持一致。模型3在基准模型的基础上引入了董事会任务型群体断裂带强度（task-related faultline），结果显示任务型群体断裂带强度（task-related faultline）的回归系数显著为正（系数为0.039，在1%的显著性水平显著），这一结果表明随着董事会任务型群体断裂带强度的提高，企业短期并购绩效会提高，与本章假设H6.2保持一致。模型4在基准模型的基础上同时引入了董事会关系型群体断裂带强度（relationship faultline）与任务型群体断裂带强度（task-related faultline），结果显示关系型群体断裂带强度（relationship faultline）的回归系数显著为负（系数为-0.033，在10%的显著性水平显著），任务型群体断裂带强度（task-related faultline）的回归系数显著为正（系数为0.039，在1%的显著性水平显著），这一结果表明董事会中的关系型群体断裂带强度与企业短期并购绩效之间存在负相关关系，而任务型群体断裂带强度与企业短期并购绩效之间存在正相关关系，与本章假设H6.1和假设H6.2保持一致。

表6-4　　　**董事会群体断裂带强度对企业短期并购**
绩效（CAR）影响的回归结果

	模型1	模型2	模型3	模型4
	CAR			
relationship faultline		-0.032^{*}		-0.033^{*}
		(0.017)		(0.020)
task-related faultline			0.039^{***}	0.039^{***}
			(0.014)	(0.014)
firmsize	-0.005^{***}	-0.005^{***}	-0.006^{***}	-0.006^{***}
	(0.002)	(0.002)	(0.002)	(0.002)
leverage	0.003^{*}	0.002	0.003^{*}	0.003^{*}
	(0.001)	(0.001)	(0.002)	(0.002)
ROA	-0.139^{***}	-0.142^{***}	-0.130^{**}	-0.129^{**}
	(0.048)	(0.049)	(0.058)	(0.058)

续表

	模型1	模型2	模型3	模型4
cash	0.044*	0.045*	0.042	0.039
	(0.026)	(0.026)	(0.031)	(0.031)
growth	0.009**	0.008*	0.013**	0.012**
	(0.004)	(0.004)	(0.005)	(0.005)
shareholder	−0.039***	−0.038***	−0.035***	−0.035***
	(0.011)	(0.011)	(0.013)	(0.013)
SOE	−0.006	−0.005	−0.004	−0.002
	(0.004)	(0.004)	(0.005)	(0.005)
duality	0.003	0.003	0.005	0.003
	(0.004)	(0.004)	(0.004)	(0.005)
boardsize	0.001	0.000	0.002	0.001
	(0.001)	(0.001)	(0.001)	(0.001)
independence	−0.018	−0.018	−0.012	−0.011
	(0.017)	(0.017)	(0.019)	(0.020)
M&A_size	0.007***	0.007***	0.007***	0.007***
	(0.001)	(0.001)	(0.001)	(0.001)
method	−0.109***	−0.108***	−0.108***	−0.109***
	(0.006)	(0.006)	(0.007)	(0.007)
industry	yes	yes	yes	yes
year	yes	yes	yes	yes
C	0.055**	0.079***	0.010	0.036
	(0.022)	(0.026)	(0.028)	(0.032)
N	4 377	4 281	3 180	3 112
R^2	0.1600	0.1611	0.1648	0.1662

注：括号中为标准误，*、**、***分别代表10%、5%、1%的显著性水平。

资料来源：根据stata回归结果整理。

　　表 6-5 为以短期并购绩效（CAR）为被解释变量的董事会任期与行业竞争程度对董事会群体断裂带强度与并购绩效关系的调节作用的回归分析结果。模型 1—模型 3 考察了董事会任期的调节作用。模型 1 在基准模型的基础上引入关系型群体断裂带强度（relationship faultline）、董事会任期（board tenure）以及董事会关系型群体断裂带强度与董事会任期的交乘项（relationship faultline×board tenure），结果显示交乘项（relationship faultline×board tenure）的回归系数显著为正（系数为 0.012，在 10% 的显著性水平显著），该回归结果表明董事会任期减弱了董事会关系型群体断裂带强度对企业短期并购绩效的负向影响，即董事会任期越长，董事会关系型群体断裂带强度对企业短期并购溢价的负向影响越弱，与本章假设 H6.3 保持一致。模型 2 在基准模型的基础上引入任务型群体断裂带强度（task-related faultline）、董事会任期（board tenure）以及董事会任务型群体断裂带强度与董事会任期的交乘项（task-related faultline×board tenure），结果显示交乘项（task-related faultline×board tenure）的回归系数显著为负（系数为 -0.010，在 10% 的显著性水平显著），这一回归结果表明董事会任期减弱了董事会任务型群体断裂带强度对企业短期并购绩效的正向影响，即董事会任期越长，董事会任务型群体断裂带强度对企业短期并购绩效的正向影响越弱，与本章假设 H6.4 保持一致。模型 3 在基准模型的基础上引入调节变量董事会任期（board tenure）以及董事会关系型群体断裂带强度与董事会任期的交乘项（relationship faultline×board tenure）和董事会任务型群体断裂带强度与董事会任期的交乘项（task-related faultline×board tenure），结果显示，董事会关系型群体断裂带强度与董事会任期的交乘项（relationship faultline×board tenure）的回归系数为正但未达到显著性要求；董事会任务型群体断裂带强度与董事会任期的交乘项（task-related faultline×board tenure）的回归系数显著为负（系数为 -0.010，在 10% 的显著性水平显著），与本章研究假设 H6.4 一致。表 6-5 中模型 4—模型 6 考察了行业竞争强度的调节作用。模型 4 在基准模型的基础上引入调节变量行业竞争程度（HHI）以及董事会关系型群体断裂带强度（relationship faultline）与行业竞争程度

表6-5 董事会任期与行业竞争程度对董事会群体断裂带与短期并购绩效（CAR）关系调节作用的回归结果

	CAR					
	模型 1	模型 2	模型 3	模型 4	模型 5	模型 6
relationship faultline	-0.067**		-0.060*	0.023		0.014
	(0.030)		(0.035)	(0.020)		(0.022)
task-related faultline		0.053**	0.063**		0.087***	0.081***
		(0.025)	(0.026)		(0.017)	(0.017)
board tenure	-0.007	0.008**	0.003			
	(0.004)	(0.004)	(0.007)			
relationship faultline×board tenure	0.012*		0.008			
	(0.006)		(0.008)			
task-related faultline×board tenure		-0.010*	-0.010*			
		(0.005)	(0.006)			
HHI				0.225***	0.251***	0.375***
				(0.053)	(0.053)	(0.068)
relationship faultline×HHI				-0.360***		-0.248***
				(0.074)		(0.079)
task-related faultline×HHI					-0.446***	-0.385***
					(0.079)	(0.081)

续表

	模型 1	模型 2	模型 3	模型 4	模型 5	模型 6
firmsize	-0.007***	-0.006***	-0.006***	-0.004***	-0.005***	-0.005**
	(0.002)	(0.002)	(0.002)	(0.002)	(0.002)	(0.002)
leverage	0.002	0.003	0.003	0.001	0.002	0.002
	(0.002)	(0.002)	(0.002)	(0.002)	(0.002)	(0.002)
ROA	-0.096*	-0.108*	-0.134**	-0.143***	-0.127**	-0.129**
	(0.050)	(0.058)	(0.059)	(0.049)	(0.058)	(0.059)
cash	0.052*	0.032	0.036	0.051*	0.052*	0.042
	(0.027)	(0.031)	(0.032)	(0.027)	(0.031)	(0.032)
growth	0.010**	0.014***	0.012**	0.008*	0.010*	0.009*
	(0.004)	(0.005)	(0.005)	(0.004)	(0.005)	(0.005)
shareholder	-0.033***	-0.031**	-0.032**	-0.036***	-0.036***	-0.036***
	(0.012)	(0.013)	(0.013)	(0.011)	(0.013)	(0.013)
SOE	-0.000	-0.001	-0.002	-0.006	-0.005	-0.007
	(0.004)	(0.005)	(0.005)	(0.004)	(0.005)	(0.005)
duality	0.002	0.003	0.003	0.003	0.005	0.005
	(0.004)	(0.004)	(0.005)	(0.004)	(0.004)	(0.005)

续表

		模型 1	模型 2	模型 3	模型 4	模型 5	模型 6
boardsize		0.001	0.002*	0.001	0.001	0.002	0.001
		(0.001)	(0.001)	(0.001)	(0.001)	(0.001)	(0.001)
independence		-0.016	-0.015	-0.012	-0.015	-0.008	-0.009
		(0.017)	(0.019)	(0.020)	(0.017)	(0.019)	(0.020)
M&A_size		0.007***	0.006***	0.007***	0.006***	0.006***	0.006***
		(0.001)	(0.001)	(0.001)	(0.001)	(0.001)	(0.001)
method		-0.106***	-0.105***	-0.109***	-0.108***	-0.110***	-0.111***
		(0.006)	(0.007)	(0.007)	(0.006)	(0.007)	(0.007)
industry		yes	yes	yes	yes	yes	yes
year		yes	yes	yes	yes	yes	yes
C		0.121***	0.014	0.039	0.049*	-0.007	0.005
		(0.034)	(0.034)	(0.042)	(0.027)	(0.029)	(0.033)
N		4 047	3 174	3 106	4 013	3 007	2 944
R²		0.183	0.183	0.169	0.157	0.168	0.172

注：括号中为标准误。*、**、***分别代表10%、5%、1%的显著性水平。

资料来源：根据 stata 回归结果整理。

的交乘项（relationship faultline×HHI），结果显示交乘项（relationship faultline×HHI）的回归系数显著为负（系数为-0.360，在与1%的显著性水平显著），但是该模型中董事会关系型群体断裂带的回归系数未达到显著性要求且方向为正，因此这一结果无法验证行业竞争程度对董事会关系型群体断裂带与企业短期并购绩效关系的调节作用，本章研究假设H6.5没有得到支持。模型5在基准模型的基础上引入调节变量行业竞争程度（HHI）以及董事会任务型群体断裂带强度（task-related faultline）与行业竞争程度的交乘项（task-related faultline×HHI），结果显示交乘项（task-related faultline×HHI）的回归系数显著为负（系数为-0.446，在1%的显著性水平显著），由于赫芬达尔指数为反指标，即赫芬达尔指数越小行业竞争程度越大，因此这一回归结果表明行业竞争程度增强了董事会任务型群体断裂带强度对企业短期并购绩效的正向影响，即行业竞争程度越大，董事会任务型群体断裂带强度对企业短期并购绩效的正向影响越强，与本章假设H6.6保持一致。模型6在基准模型的基础上引入调节变量行业竞争程度（HHI）以及董事会关系型群体断裂带强度（relationship faultline）与行业竞争程度的交乘项（relationship faultline×HHI）和董事会任务型群体断裂带强度（task-related faultline）与行业竞争程度的交乘项（task-related faultline×HHI），这一回归结果依旧无法验证行业竞争程度对董事会关系型群体断裂带与企业短期并购绩效关系的调节作用；董事会任务型群体断裂带强度与行业竞争程度的交乘项（task-related faultline×HHI）的回归系数显著为负（系数为-0.385，在1%的显著性水平显著），与本章研究假设H6.6一致。

表6-6和表6-7是以企业长期并购绩效（ΔROA）为被解释变量的实证分析的结果。

表6-6是董事会群体断裂带强度对企业长期并购绩效（ΔROA）影响的回归结果。其中的模型1为以长期并购绩效（ΔROA）为被解释变量且仅包含控制变量的基准模型。模型2—模型4考察了董事会关系型群体断裂带与任务型群体断裂带对企业并购战略绩效的影响。模型2在基准模型的基础上引入了董事会关系型群体断裂带强度（relationship faultline），结果显示董事会关系型群体断裂带强度（relationship faultline）的回归系数显著为负（系数为−0.040，在5%的显著性水平显著），这一结果表明随着董事会关系型群体断裂带强度的提高，企业长期并购绩效会降低，与本章假设H6.1保持一致。模型3在基准模型的基础上引入了董事会任务型群体断裂带强度（task-related faultline），结果显示董事会任务型群体断裂带强度（task-related faultline）的回归系数显著为正（系数为0.030，在5%的显著性水平显著），这一结果表明随着董事会任务型群体断裂带强度的提高，企业长期并购绩效会提高，与本章假设H6.2保持一致。模型4在基准模型的基础上同时引入了董事会关系型群体断裂带强度（relationship faultline）与董事会任务型群体断裂带强度（task-related faultline），结果显示董事会关系型群体断裂带强度（relationship faultline）的回归系数显著为负（系数为−0.038，在5%的显著性水平显著），董事会任务型群体断裂带强度（task-related faultline）的回归系数显著为正（系数为0.027，在5%的显著性水平显著），这一结果表明董事会中的关系型群体断裂带强度与企业长期并购绩效之间存在负相关关系，而任务型群体断裂带强度与企业长期并购绩效之间存在正相关关系，与本章假设H6.1与假设H6.2保持一致。

表6-7是以长期并购绩效（ΔROA）为被解释变量的董事会任期与行业竞争程度对董事会群体断裂带强度与企业长期并购绩效关系的调节作用的回归分析结果。其中，模型1—模型3考察了董事会任期的调节作用。

表6-6　　**董事会群体断裂带强度对企业长期并购绩效（ΔROA）影响的回归结果**

	模型1	模型2	模型3	模型4
	ΔROA			
relationship faultline		−0.040** (0.016)		−0.038** (0.018)
task-related faultline			0.030** (0.013)	0.027** (0.013)
firmsize	0.000 (0.001)	−0.000 (0.002)	−0.001 (0.002)	−0.001 (0.002)

续表

	模型1	模型2	模型3	模型4
leverage	0.001	0.001	−0.001	−0.001
	(0.001)	(0.001)	(0.001)	(0.001)
ROA	−0.028	−0.029	−0.065	−0.065
	(0.046)	(0.045)	(0.054)	(0.054)
cash	0.007	0.004	0.012	0.009
	(0.024)	(0.024)	(0.028)	(0.028)
growth	0.007^{**}	0.008^{**}	0.007^{*}	0.008^{**}
	(0.003)	(0.004)	(0.004)	(0.004)
shareholder	−0.007	−0.005	−0.005	−0.005
	(0.011)	(0.011)	(0.013)	(0.013)
SOE	0.003	0.004	0.004	0.004
	(0.004)	(0.004)	(0.005)	(0.005)
duality	0.010^{***}	0.010^{***}	0.008^{**}	0.009^{**}
	(0.004)	(0.004)	(0.004)	(0.004)
boardsize	−0.001	−0.001	−0.000	−0.001
	(0.001)	(0.001)	(0.001)	(0.001)
independence	0.034	0.034	0.053^{*}	0.053^{*}
	(0.026)	(0.026)	(0.030)	(0.030)
M&A_size	$−0.002^{**}$	$−0.002^{**}$	−0.001	−0.001
	(0.001)	(0.001)	(0.001)	(0.001)
method	−0.005	−0.004	0.002	0.003
	(0.005)	(0.005)	(0.005)	(0.005)
industry	yes	yes	yes	yes
Year	yes	yes	yes	yes
C	0.013	0.043	−0.039	−0.010
	(0.026)	(0.029)	(0.034)	(0.036)
N	4 171	4 078	3 176	3 103
R^2	0.0146	0.0166	0.0135	0.0154

注：括号中为标准误，*、**、***分别代表10%、5%、1%的显著性水平。

资料来源：根据stata回归结果整理。

表6-7　董事会任期与行业竞争程度对董事会群体断裂带与长期并购绩效（ΔROA）关系调节作用的回归结果

	ΔROA					
	模型 1	模型 2	模型 3	模型 4	模型 5	模型 6
relationship faultline	-0.058** (0.029)		-0.055* (0.033)	-0.040* (0.021)		-0.014 (0.020)
task-related faultline		0.070*** (0.022)	0.061*** (0.022)		0.098*** (0.014)	0.089*** (0.014)
Board tenure	-0.007 (0.004)	0.011*** (0.003)	0.002 (0.007)			
relationship faultline×board tenure	0.011* (0.006)		0.012 (0.008)			
task-related faultline×board tenure		-0.017*** (0.005)	-0.015*** (0.005)			
HHI				0.215*** (0.068)	0.413*** (0.034)	0.606*** (0.049)
relationship faultline×HHI				-0.276*** (0.095)		-0.322*** (0.057)
task-related faultline×HHI					-0.623*** (0.047)	-0.589*** (0.050)

续表

	模型 1	模型 2	模型 3	模型 4	模型 5	模型 6
firmsize	-0.000	-0.000	-0.000	0.001	0.001	0.001
	(0.002)	(0.002)	(0.002)	(0.002)	(0.002)	(0.002)
leverage	0.002	-0.001	-0.001	0.001	-0.001	-0.001
	(0.001)	(0.001)	(0.001)	(0.001)	(0.001)	(0.001)
ROA	-0.041	-0.079	-0.084	-0.033	-0.079	-0.086
	(0.047)	(0.052)	(0.052)	(0.048)	(0.054)	(0.054)
cash	0.006	0.018	0.012	0.018	0.022	0.020
	(0.025)	(0.027)	(0.027)	(0.025)	(0.028)	(0.028)
growth	0.007*	0.006	0.007*	0.005	0.005	0.005
	(0.004)	(0.004)	(0.004)	(0.004)	(0.004)	(0.004)
shareholder	-0.001	-0.012	-0.012	-0.007	-0.012	-0.013
	(0.011)	(0.013)	(0.013)	(0.011)	(0.013)	(0.013)
SOE	0.005	0.002	0.004	0.004	0.001	0.002
	(0.004)	(0.005)	(0.005)	(0.004)	(0.005)	(0.005)
duality	0.010***	0.009**	0.010**	0.010**	0.009**	0.009**
	(0.004)	(0.004)	(0.004)	(0.004)	(0.004)	(0.004)

续表

	模型 1	模型 2	模型 3	模型 4	模型 5	模型 6
boardsize	-0.001	0.000	-0.000	-0.002**	-0.001	-0.001
	(0.001)	(0.001)	(0.001)	(0.001)	(0.001)	(0.001)
independence	0.027	0.046	0.048*	0.046*	0.056*	0.055*
	(0.026)	(0.029)	(0.029)	(0.027)	(0.029)	(0.030)
M&A_size	-0.002*	-0.001	-0.001	-0.002**	-0.001	-0.001
	(0.001)	(0.001)	(0.001)	(0.001)	(0.001)	(0.001)
method	-0.003	0.001	0.002	-0.004	0.001	0.002
	(0.005)	(0.005)	(0.005)	(0.005)	(0.005)	(0.005)
industry	yes	yes	yes	yes	yes	yes
Year	yes	yes	yes	yes	yes	yes
C	0.059*	-0.033	-0.008	0.032	-0.096***	-0.083**
	(0.032)	(0.033)	(0.039)	(0.032)	(0.034)	(0.037)
N	3 897	3 168	3 095	3 801	2 997	2 926
R^2	0.012	0.018	0.011	0.024	0.073	0.086

注：括号中为标准误，*、**、***分别代表10%、5%、1%的显著性水平。

资料来源：根据 stata 回归结果整理。

　　模型1在基准模型的基础上引入董事会关系型群体断裂带强度（relationship faultline）、董事会任期（board tenure）以及董事会关系型群体断裂带强度与董事会任期的交乘项（relationship faultline×board tenure），结果显示交乘项（relationship faultline×board tenure）的回归系数显著为正（系数为0.011，在10%的显著性水平显著），该回归结果表明董事会任期减弱了董事会关系型群体断裂带强度对企业短期并购绩效的负向影响，即董事会任期越长，董事会关系型群体断裂带强度对企业短期并购溢价的负向影响越弱，与本章假设H6.3保持一致。

　　模型2在基准模型的基础上引入董事会任务型群体断裂带强度（task-related faultline）、董事会任期（board tenure）以及董事会任务型群体断裂带强度与董事会任期的交乘项（task-related faultline×board tenure），结果显示交乘项（task-related faultline×board tenure）的回归系数显著为负（系数为−0.017，在1%的显著性水平显著），这一回归结果表明董事会任期减弱了董事会任务型群体断裂带强度对企业短期并购绩效的正向影响，即董事会任期越长，董事会任务型群体断裂带强度对企业短期并购绩效的正向影响越弱，与本章假设H6.4保持一致。

　　模型3在基准模型的基础上引入董事会任期（board tenure）以及董事会关系型群体断裂带强度（relationship faultline）与董事会任期（board tenure）的交乘项（relationship faultline×board tenure）和董事会任务型群体断裂带强度（task-related faultline）与董事会任期（board tenure）的交乘项（task-related faultline×board tenure），结果显示，董事会关系型群体断裂带强度与董事会任期的交乘项（relationship faultline×board tenure）的回归系数为正但未达到显著性要求；董事会任务型群体断裂带强度与董事会任期的交乘项（task-related faultline×board tenure）的回归系数显著为负（系数为−0.015，在1%的显著性水平显著），与本章研究假设H6.4一致。

　　表6-7中模型4—模型6考察了行业竞争强度对董事会关系型群体断裂带强度及董事会任务群体断裂带强度与企业长期并购绩效关系的调节作用。

　　模型4在基准模型的基础上引入调节变量行业竞争程度（HHI）以

及董事会关系型群体断裂带强度（relationship faultline）与调节变量的交乘项（relationship faultline×HHI），结果显示交乘项（relationship faultline×HHI）的回归系数显著为负（系数为-0.276，在1%的显著性水平显著），由于赫芬达尔指数为反指标，即赫芬达尔指数越小行业竞争程度越大，因此该回归结果表明行业竞争程度减弱了董事会关系型群体断裂带强度对企业长期并购绩效的负向影响，即行业竞争程度越大，董事会关系型群体断裂带强度对企业长期并购绩效的负向影响越弱，与本章假设H6.5保持一致。模型5在基准模型的基础上引入调节变量——行业竞争程度（HHI）以及董事会任务型群体断裂带强度（task-related faultline）与调节变量的交乘项（task-related faultline×HHI），结果显示交乘项（task-related faultline×HHI）的回归系数显著为负（系数为-0.623，在1%的显著性水平显著），这一回归结果表明行业竞争程度增强了董事会任务型群体断裂带强度对企业长期并购绩效的正向影响，即行业竞争程度越大，董事会任务型群体断裂带强度对企业长期并购绩效的正向影响越强，与本章假设H6.6保持一致。模型6在基准模型的基础上引入调节变量——行业竞争程度（HHI）以及董事会关系型群体断裂带强度（relationship faultline）与调节变量的交乘项（relationship faultline×HHI）和董事会任务型群体断裂带强度（task-related faultline）与调节变量的交乘项（task-related faultline×HHI），结果显示，董事会关系型群体断裂带强度与调节变量的交乘项（relationship faultline×HHI）的回归系数显著为负（系数为-0.322，在1%的显著性水平显著），与本章假设H6.5一致；董事会任务型群体断裂带强度与调节变量的交乘项（task-related faultline×HHI）的回归系数显著为负（系数为-0.589，在1%的显著性水平显著），与本章研究假设H6.6一致。

6.3.3　稳健性检验

为保证本章结果的稳健性，结合现有文献，本章进行了如下稳健性检验：

首先，对于企业短期并购绩效的测量，为了保证结果的稳定性，参考已有研究（Shi，Zhang，Hoskisson，2017；Steinbach 等，2017），以

［-1，+1］和［-5，+5］作为窗口期计算企业短期并购绩效并进行回归分析，结果如表6-8、表6-9、表6-10和表6-11所示。其中，表6-8和表6-9为以［-1，+1］为窗口期的企业短期并购绩效回归结果，表6-10和表6-11为以［-5，+5］为窗口期的企业短期并购绩效回归结果。表6-8和表6-10的回归结果表明董事会关系型群体断裂带强度（relationship faultline）与企业短期并购绩效呈负相关关系，董事会任务型群体断裂带强度（task-related faultline）与企业短期并购绩效呈正相关关系，与前文结果一致，保证了本章假设H6.1和H6.2的稳健性。

关于董事会任期的调节作用，表6-9中模型1的结果显示董事会关系型群体断裂带强度与董事会任期的交乘项（relationship faultline×board tenure）的回归系数不显著，表6-11中模型1的结果显示关系型群体断裂带强度与董事会任期的交乘项（relationship faultline×board tenure）的回归系数显著为正，这两个模型的回归结果表明董事会任期对董事会关系群体断裂带强度与企业短期并购绩效关系的调节作用并不稳健。

表6-9中模型2的结果显示董事会任务型群体断裂带强度与董事会任期的交乘项（task-related faultline×board tenure）的回归系数不显著，表6-11中模型2的结果显示任务型群体断裂带强度与董事会任期的交乘项（task-related faultline×board tenure）的回归系数显著为负，这两个模型的回归结果同样表明董事会任期对董事会任务型群体断裂带强度与企业短期并购绩效关系的调节作用并不稳健。

对于行业竞争程度的调节作用，表6-9和表6-11中模型4的结果均显示董事会关系型群体断裂带强度与行业竞争程度的交乘项（relationship faultline×HHI）的回归系数显著为负，但是模型中董事会关系型群体断裂带强度（relationship faultline）的回归系数不显著，这一结果表明行业竞争程度对关系型群体断裂带强度与企业短期并购绩效的调节作用并不稳健。表6-9和表6-11中模型5的结果均显示董事会任务型群体断裂带强度与行业竞争程度的交乘项（task-related faultline×HHI）的回归系数显著为负，表明行业竞争程度对董事会任务型群体断裂带强度与企业短期并购绩效的关系有正向调节关系，与前文结果一致，保证了本章假设H6.6的稳健性。

表6-8　　　　董事会群体断裂带强度对企业短期并购绩效
（CAR［-1，+1］）影响的回归结果

	模型1	模型2	模型3	模型4
	CAR［-1，+1］			
relationship faultline		-0.019*		-0.024*
		(0.011)		(0.013)
task-related faultline			0.025***	0.025***
			(0.009)	(0.009)
firmsize	-0.003***	-0.003***	-0.004***	-0.004***
	(0.001)	(0.001)	(0.001)	(0.001)
leverage	0.002**	0.002**	0.003**	0.003**
	(0.001)	(0.001)	(0.001)	(0.001)
ROA	-0.045	-0.046	-0.061	-0.060
	(0.031)	(0.032)	(0.038)	(0.039)
cash	0.031*	0.032*	0.027	0.027
	(0.017)	(0.017)	(0.020)	(0.021)
growth	0.007***	0.007***	0.008**	0.008**
	(0.003)	(0.003)	(0.003)	(0.003)
shareholder	-0.018**	-0.018**	-0.016*	-0.017*
	(0.007)	(0.007)	(0.009)	(0.009)
SOE	-0.001	-0.000	-0.002	-0.001
	(0.003)	(0.003)	(0.003)	(0.003)
duality	0.003	0.002	0.004	0.003
	(0.003)	(0.003)	(0.003)	(0.003)
boardsize	0.000	-0.000	0.000	0.000
	(0.001)	(0.001)	(0.001)	(0.001)
independence	-0.021*	-0.023**	-0.019	-0.020
	(0.011)	(0.011)	(0.013)	(0.013)
M&A_size	0.005***	0.005***	0.005***	0.005***
	(0.001)	(0.001)	(0.001)	(0.001)
method	-0.074***	-0.074***	-0.073***	-0.072***
	(0.004)	(0.004)	(0.005)	(0.005)
industry	yes	yes	yes	yes
Year	yes	yes	yes	yes
C	0.027*	0.038**	0.012	0.028
	(0.015)	(0.017)	(0.019)	(0.021)
N	4 377	4 281	3 180	3 112
R^2	0.1624	0.1625	0.1619	0.1626

注：括号中为标准误，*、**、***分别代表10%、5%、1%的显著性水平。

资料来源：根据stata回归结果整理。

表6-9　董事会任期与行业竞争程度对董事会群体断裂带强度与短期并购绩效（CAR [-1, +1]）关系调节作用的回归结果

	模型 1	模型 2	模型 3	模型 4	模型 5	模型 6
			CAR [-1, +1]			
relationship faultline	-0.038*		-0.037	0.004		-0.003
	(0.020)		(0.023)	(0.013)		(0.015)
task-related faultline		0.039**	0.036**		0.057***	0.055***
		(0.017)	(0.017)		(0.011)	(0.011)
board tenure	-0.003	0.005*	0.002			
	(0.003)	(0.003)	(0.005)			
relationship faultline×board tenure	0.006		0.004			
	(0.004)		(0.006)			
task-related faultline×board tenure		-0.006	-0.005			
		(0.004)	(0.004)			
HHI				0.104***	0.182***	0.228***
				(0.035)	(0.035)	(0.045)
relationship faultline×HHI				-0.159***		-0.090*
				(0.049)		(0.053)
task-related faultline×HHI					-0.305***	-0.279***
					(0.052)	(0.054)

续表

	模型 1	模型 2	模型 3	模型 4	模型 5	模型 6
firmsize	-0.005***	-0.005***	-0.004***	-0.003**	-0.004***	-0.003***
	(0.001)	(0.001)	(0.001)	(0.001)	(0.001)	(0.001)
leverage	0.003**	0.003**	0.003**	0.001	0.002**	0.003**
	(0.001)	(0.001)	(0.001)	(0.001)	(0.001)	(0.001)
ROA	-0.044	-0.061	-0.062	-0.051	-0.062	-0.059
	(0.033)	(0.039)	(0.039)	(0.032)	(0.039)	(0.039)
cash	0.039**	0.029	0.027	0.037**	0.037*	0.036*
	(0.018)	(0.021)	(0.021)	(0.017)	(0.021)	(0.021)
growth	0.007***	0.008**	0.009***	0.008***	0.008**	0.008**
	(0.003)	(0.003)	(0.003)	(0.003)	(0.003)	(0.003)
shareholder	-0.017**	-0.015*	-0.016*	-0.017**	-0.017*	-0.018**
	(0.008)	(0.009)	(0.009)	(0.007)	(0.009)	(0.009)
SOE	0.001	-0.001	-0.000	-0.001	-0.002	-0.001
	(0.003)	(0.003)	(0.003)	(0.003)	(0.003)	(0.003)
duality	0.002	0.003	0.003	0.002	0.003	0.003
	(0.003)	(0.003)	(0.003)	(0.003)	(0.003)	(0.003)

续表

	模型 1	模型 2	模型 3	模型 4	模型 5	模型 6
boardsize	0.000	0.001	0.000	0.000	0.000	0.000
	(0.001)	(0.001)	(0.001)	(0.001)	(0.001)	(0.001)
independence	−0.020*	−0.021	−0.021	−0.021*	−0.016	−0.018
	(0.011)	(0.013)	(0.013)	(0.011)	(0.013)	(0.013)
M&A_size	0.005***	0.005***	0.005***	0.005***	0.004***	0.005***
	(0.001)	(0.001)	(0.001)	(0.001)	(0.001)	(0.001)
method	−0.075***	−0.076***	−0.072***	−0.073***	−0.073***	−0.072***
	(0.004)	(0.004)	(0.005)	(0.004)	(0.005)	(0.005)
industry	yes	yes	yes	yes	yes	yes
Year	yes	yes	yes	yes	yes	yes
C	0.065***	0.016	0.031	0.026	−0.005	−0.001
	(0.021)	(0.021)	(0.028)	(0.018)	(0.019)	(0.022)
N	4 047	3 174	3 106	4 013	3 007	2 944
R^2	0.164	0.160	0.165	0.155	0.164	0.165

注：括号中为标准误，*、**、***分别代表10%、5%、1%的显著性水平。

资料来源：根据stata回归结果整理。

表6-10 董事会群体断裂带强度对企业
短期并购绩效（CAR［-5，+5］）影响的回归结果

	模型1	模型2	模型3	模型4
	CAR［-5，+5］			
relationship faultline		-0.040*		-0.044*
		(0.021)		(0.025)
task-related faultline			0.070***	0.068***
			(0.018)	(0.018)
firmsize	-0.004**	-0.004**	-0.005**	-0.005**
	(0.002)	(0.002)	(0.002)	(0.002)
leverage	0.002	0.002	0.002	0.002
	(0.002)	(0.002)	(0.002)	(0.002)
ROA	-0.201***	-0.207***	-0.212***	-0.211***
	(0.060)	(0.060)	(0.073)	(0.073)
cash	0.095***	0.097***	0.096**	0.092**
	(0.032)	(0.032)	(0.039)	(0.039)
growth	0.007	0.007	0.014**	0.013**
	(0.005)	(0.005)	(0.006)	(0.006)
shareholder	-0.053***	-0.052***	-0.051***	-0.049***
	(0.014)	(0.014)	(0.016)	(0.017)
SOE	-0.005	-0.005	-0.004	-0.003
	(0.005)	(0.005)	(0.006)	(0.006)
duality	0.003	0.003	0.002	0.002
	(0.005)	(0.005)	(0.006)	(0.006)
boardsize	0.001	0.001	0.003*	0.002
	(0.001)	(0.001)	(0.002)	(0.002)
independence	-0.017	-0.015	-0.006	-0.003
	(0.021)	(0.021)	(0.024)	(0.025)
M&A_size	0.008***	0.008***	0.008***	0.008***
	(0.001)	(0.001)	(0.001)	(0.001)
method	-0.127***	-0.127***	-0.125***	-0.126***
	(0.007)	(0.007)	(0.009)	(0.009)
industry	yes	yes	yes	yes
Year	yes	yes	yes	yes
C	0.041	0.070**	-0.021	0.014
	(0.028)	(0.032)	(0.035)	(0.040)
N	4 377	4 281	3 180	3 112
R^2	0.1423	0.1431	0.1514	0.1526

注：括号中为标准误，*、**、***分别代表10%、5%、1%的显著性水平。

资料来源：根据stata回归结果整理。

表6-11　董事会任期与行业竞争程度对董事会群体断裂带强度与短期并购绩效（CAR［-5，+5］）关系调节作用的回归结果

	模型 1	模型 2	模型 3	模型 4	模型 5	模型 6
			CAR [-5, +5]			
relationship faultline	-0.084**		-0.059	0.033		0.011
	(0.037)		(0.045)	(0.024)		(0.028)
task-related faultline		0.113***	0.109***		0.127***	0.117***
		(0.032)	(0.033)		(0.021)	(0.022)
board tenure	-0.007	0.013***	0.008			
	(0.006)	(0.005)	(0.009)			
relationship faultline×board tenure	0.014*		0.006			
	(0.008)		(0.010)			
task-related faultline×board tenure		-0.017**	-0.016**			
		(0.007)	(0.007)			
HHI				0.317***	0.339***	0.500***
				(0.067)	(0.067)	(0.086)
relationship faultline×HHI				-0.469***		-0.321***
				(0.092)		(0.100)
task-related faultline×HHI					-0.557***	-0.476***
					(0.099)	(0.102)

续表

	模型 1	模型 2	模型 3	模型 4	模型 5	模型 6
firmsize	-0.007***	-0.006**	-0.006**	-0.004*	-0.004*	-0.005*
	(0.002)	(0.002)	(0.003)	(0.002)	(0.002)	(0.003)
leverage	0.002	0.002	0.002	0.001	0.001	0.001
	(0.002)	(0.002)	(0.002)	(0.002)	(0.002)	(0.002)
ROA	-0.196***	-0.208***	-0.204***	-0.196***	-0.204***	-0.196***
	(0.063)	(0.074)	(0.075)	(0.061)	(0.073)	(0.074)
cash	0.113***	0.098**	0.094**	0.096***	0.105***	0.098**
	(0.034)	(0.040)	(0.040)	(0.033)	(0.040)	(0.040)
growth	0.007	0.014**	0.012*	0.007	0.011*	0.010
	(0.005)	(0.006)	(0.006)	(0.005)	(0.007)	(0.007)
shareholder	-0.047***	-0.050***	-0.047***	-0.049***	-0.053***	-0.050***
	(0.015)	(0.017)	(0.017)	(0.014)	(0.017)	(0.017)
SOE	-0.001	-0.001	0.000	-0.005	-0.004	-0.004
	(0.005)	(0.006)	(0.006)	(0.005)	(0.006)	(0.006)
duality	0.001	0.001	0.001	0.002	0.003	0.003
	(0.005)	(0.006)	(0.006)	(0.005)	(0.006)	(0.006)

续表

	模型 1	模型 2	模型 3	模型 4	模型 5	模型 6
boardsize	0.002	0.003**	0.003**	0.001	0.003*	0.002
	(0.001)	(0.002)	(0.002)	(0.001)	(0.002)	(0.002)
independence	-0.016	-0.010	-0.007	-0.012	-0.002	0.000
	(0.022)	(0.024)	(0.025)	(0.022)	(0.025)	(0.025)
M&A_size	0.008***	0.008***	0.008***	0.007***	0.007***	0.007***
	(0.001)	(0.001)	(0.001)	(0.001)	(0.001)	(0.001)
method	-0.133***	-0.131***	-0.133***	-0.126***	-0.127***	-0.128***
	(0.007)	(0.008)	(0.009)	(0.007)	(0.009)	(0.009)
industry	yes	yes	yes	yes	yes	yes
Year	yes	yes	yes	yes	yes	yes
C	0.125***	-0.034	0.012	0.033	-0.042	-0.036
	(0.039)	(0.039)	(0.052)	(0.034)	(0.037)	(0.042)
N	4 047	3 174	3 106	4 013	3 007	2 944
R²	0.147	0.149	0.150	0.140	0.153	0.158

注：括号中为标准误，*、**、***分别代表10%、5%、1%的显著性水平。

资料来源：根据stata回归结果整理。

其次，对于企业长期并购绩效的测量，为了保证结果的稳定性，根据现有研究（陈仕华等，2015；Harp，Barnes，2018），本章选择基于24个月计算的购买并持有超常收益（BHAR）作为长期并购绩效并且测试不同类型的董事会群体断裂带强度对其影响。上市公司 i 并购后［0，T］月购买并持有超常收益（BHAR）的计算公式如下：

$$BHAR_{iT}=\Pi（1+R_{it}）-\Pi（1+R_{pt}）$$

其中：R_{it} 为上市公司 i 在 t 月的收益率，R_{pt} 为对应组合的月收益率，t 的取值范围为 0~24，t=0 是企业并购当月，t=1 为企业并购之后一个月，以此类推。

关于 R_{pt} 的计算，本章采用李善民和朱滔（2006）的分组方法：首先，根据企业在 t 年 6 月份的流通市值规模，从小到大排序后均分成 5 组；然后，根据企业在 t-1 年 12 月份的权益账面/市值比对上述 5 组从小到大排序后在此均分为 5 组；最后对任意年份的 25 组企业分别计算各组的等权月收益率作为 R_{pt}。

表 6-12 及表 6-13 给出了回归结果，结果表明较强的董事会关系型群体断裂带会导致企业长期并购绩效降低，并且这一影响会随着董事会任期、行业竞争程度的增加而减弱；较强的董事会任务型群体断裂带会导致企业长期并购绩效提高，并且这一影响会随着董事会任期的增加而减弱，随行业竞争程度的增加而增强，与前文实证结果一致，保证了本章结论的稳健性。

表6-12　　**董事会群体断裂带强度对企业长期并购绩效（BHAR）影响的回归结果**

	模型1	模型2	模型3	模型4
	BHAR			
relationship faultline		-0.426*** (0.094)		-0.410*** (0.112)
task-related faultline			0.228*** (0.079)	0.194** (0.080)
firmsize	-0.007 (0.009)	-0.008 (0.009)	-0.021* (0.011)	-0.022* (0.011)

续表

	模型1	模型2	模型3	模型4
leverage	−0.028***	−0.029***	−0.019	−0.021
	(0.011)	(0.011)	(0.013)	(0.013)
ROA	−0.422	−0.414	−0.449	−0.451
	(0.272)	(0.274)	(0.331)	(0.332)
cash	0.594***	0.590***	0.514***	0.516***
	(0.143)	(0.144)	(0.175)	(0.176)
growth	0.001	0.001	0.002	0.002
	(0.001)	(0.001)	(0.002)	(0.002)
shareholder	0.204***	0.206***	0.193**	0.196**
	(0.063)	(0.063)	(0.077)	(0.078)
SOE	−0.106***	−0.103***	−0.087***	−0.081***
	(0.022)	(0.022)	(0.028)	(0.029)
duality	0.014	0.014	−0.003	−0.005
	(0.023)	(0.023)	(0.026)	(0.026)
boardsize	−0.006	−0.007	−0.005	−0.006
	(0.006)	(0.006)	(0.007)	(0.007)
independence	0.040	0.058	0.153	0.165
	(0.096)	(0.098)	(0.110)	(0.111)
M&A_size	−0.005	−0.004	−0.003	−0.002
	(0.005)	(0.005)	(0.006)	(0.006)
method	−0.072**	−0.070**	−0.069**	−0.067*
	(0.030)	(0.030)	(0.035)	(0.035)
industry	yes	yes	yes	yes
Year	yes	yes	yes	yes
C	−0.075	0.209	−0.208	0.085
	(0.129)	(0.147)	(0.165)	(0.186)
N	5 523	5 410	3 963	3 882
R^2	0.0469	0.0511	0.0423	0.0459

注：括号中为标准误，*、**、***分别代表10%、5%、1%的显著性水平。

资料来源：根据stata回归结果整理。

表6-13　董事会任期与行业竞争程度对董事会群体断裂带强度与长期并购绩效（BHAR）关系调节作用的回归结果

	模型 1	模型 2	模型 3	模型 4	模型 5	模型 6
			BHAR			
relationship faultline	−0.721***		−0.965***	−0.280**		−0.332***
	(0.164)		(0.195)	(0.110)		(0.129)
task-related faultline		0.690***	0.597***		0.323***	0.274***
		(0.139)	(0.140)		(0.088)	(0.091)
board tenure	−0.079***	0.124***	−0.035			
	(0.024)	(0.021)	(0.040)			
relationship faultline×board tenure	0.122***		0.215***			
	(0.035)		(0.046)			
task-related faultline×board tenure		−0.184***	−0.162***			
		(0.030)	(0.030)			
HHI				0.841***	0.884***	1.293***
				(0.272)	(0.230)	(0.322)
relationship faultline×HHI				−1.017***		−0.677*
				(0.373)		(0.396)
task-related faultline×HHI					−1.106***	−0.993***
					(0.322)	(0.349)

续表

	模型 1	模型 2	模型 3	模型 4	模型 5	模型 6
firmsize	-0.018*	-0.020*	-0.021*	-0.007	-0.025**	-0.026**
	(0.009)	(0.011)	(0.011)	(0.009)	(0.012)	(0.012)
leverage	-0.005	-0.003	-0.004	-0.018**	-0.009	-0.009
	(0.008)	(0.009)	(0.009)	(0.009)	(0.010)	(0.010)
ROA	-0.244	-0.393	-0.387	-0.293	-0.444	-0.447
	(0.273)	(0.317)	(0.317)	(0.280)	(0.338)	(0.339)
cash	0.588***	0.582***	0.564***	0.618***	0.531***	0.542***
	(0.144)	(0.167)	(0.168)	(0.149)	(0.180)	(0.181)
growth	0.019	0.032	0.023	0.002	0.003*	0.002
	(0.022)	(0.025)	(0.025)	(0.001)	(0.002)	(0.002)
shareholder	0.227***	0.238***	0.244***	0.173***	0.143*	0.146*
	(0.064)	(0.074)	(0.074)	(0.066)	(0.081)	(0.081)
SOE	-0.092***	-0.085***	-0.078***	-0.100***	-0.080***	-0.075**
	(0.023)	(0.027)	(0.027)	(0.023)	(0.029)	(0.030)
duality	-0.005	-0.007	-0.004	0.019	0.005	0.003
	(0.022)	(0.025)	(0.025)	(0.024)	(0.027)	(0.027)

续表

	模型 1	模型 2	模型 3	模型 4	模型 5	模型 6
boardsize	0.000	0.003	0.002	-0.009	-0.008	-0.009
	(0.006)	(0.007)	(0.007)	(0.006)	(0.007)	(0.007)
independence	-0.081	0.031	0.018	0.075	0.149	0.159
	(0.094)	(0.104)	(0.105)	(0.100)	(0.113)	(0.114)
M&A_size	-0.013***	-0.015***	-0.015**	-0.005	-0.002	-0.002
	(0.005)	(0.006)	(0.006)	(0.005)	(0.006)	(0.006)
method	-0.088***	-0.096***	-0.098***	-0.051	-0.061*	-0.059*
	(0.030)	(0.033)	(0.033)	(0.031)	(0.036)	(0.036)
industry	yes	yes	yes	yes	yes	yes
Year	yes	yes	yes	yes	yes	yes
C	0.618***	-0.386**	0.351	0.082	-0.238	0.009
	(0.188)	(0.190)	(0.241)	(0.157)	(0.173)	(0.197)
N	5 103	3 962	3 883	5 116	3 792	3 716
R²	0.133	0.124	0.132	0.054	0.046	0.051

注：括号中为标准误差，*、**、***分别代表10%、5%、1%的显著性水平。

资料来源：根据stata回归结果整理。

最后，与董事会群体断裂带对企业并购溢价影响的研究一致，关于董事会群体断裂带对企业并购绩效的影响，本章仅以发生并购的上市公司为样本，同样可能存在样本选择偏误问题，因此本章通过Heckman两阶段回归解决这一问题（Heckman，1979）。

根据已有研究，本章将企业是否并购（M&A）作为被解释变量，将企业并购经验（M&A experience）作为工具变量，同时加入其他控制变量进行 Heckman 第一阶段回归，并且计算得出逆米尔斯率（mills）。本章分别以企业短期并购绩效（CAR）、企业长期并购绩效（ΔROA）为被解释变量，将逆米尔斯率引入模型考察董事会群体断裂带强度对并购绩效的影响作为 Heckman 第二阶段回归。

表 6-14 和表 6-15 为以短期并购绩效（CAR）为被解释变量的 Heckman 两阶段回归结果，表 6-16 和表 6-17 为以长期并购绩效（ΔROA）为被解释变量的 Heckman 两阶段回归结果。

表 6-14 和表 6-16 的回归结果表明董事会关系型群体断裂带强度与企业并购绩效呈负相关关系，任务型群体断裂带强度与企业并购绩效呈正相关关系。

表 6-15 和表 6-17 中模型 1 的回归结果表明董事会任期的增加会减弱董事会关系型群体断裂带对企业短期并购绩效与长期并购绩效的负向影响；模型 2 的回归结果表明董事会任期的增加会减弱董事会任务型群体断裂带对企业短期并购绩效与长期并购绩效的正向影响，模型 3 的回归结果表明在同时考虑两种类型的群体断裂带时，董事会任期对关系型群体断裂带强度与并购绩效关系的调节作用不显著，对任务型群体断裂带强度与并购绩效的关系有着显著的负向调节作用。

表 6-15 和表 6-17 中模型 4 的回归结果表明行业竞争程度对董事会关系型群体断裂带强度与企业短期并购绩效和长期并购绩效关系的调节作用未得到实证检验的支持；模型 5 的回归结果表明行业竞争程度对董事会任务型群体断裂带强度与企业短期并购绩效和长期并购绩效的关系有着显著的正向调节作用；模型 6 的回归结果表明行业竞争程度对董事会关系型群体断裂带强度与企业并购绩效关系的调节作用未得到实证检验支持，行业竞争程度对董事会任务型群体断裂带强度与企业并购绩效

关系的调节作用得到实证检验支持，保证了本章假设H6.6的稳健性。

表6-14　　　　　**董事会群体断裂带强度与短期并购**

绩效（CAR）的Heckman两阶段回归结果

	模型1	模型2	模型3	模型4
	M&A	CAR		
M&A experience	0.334*** (0.043)			
relationship faultline		−0.035* (0.020)		−0.032 (0.021)
task-related faultline			0.027* (0.015)	0.028* (0.015)
firmsize	0.092*** (0.010)	−0.011*** (0.002)	−0.012*** (0.002)	−0.011*** (0.002)
leverage	−0.003 (0.004)	0.001 (0.002)	0.001 (0.002)	0.001 (0.002)
ROA	−0.055** (0.028)	−0.106* (0.060)	−0.069 (0.060)	−0.076 (0.061)
cash	−0.444*** (0.136)	0.036 (0.033)	0.035 (0.033)	0.037 (0.033)
growth	0.130*** (0.020)	0.008 (0.005)	0.008 (0.005)	0.008 (0.005)
shareholder	0.018 (0.076)	−0.008 (0.014)	−0.006 (0.014)	−0.009 (0.014)
SOE	−0.323*** (0.027)	0.014** (0.006)	0.019*** (0.006)	0.019*** (0.006)
duality	0.050* (0.027)	0.002 (0.005)	0.003 (0.005)	0.002 (0.005)
boardsize	−0.013 (0.008)	0.001 (0.001)	0.002 (0.001)	0.001 (0.001)
independence	−0.628** (0.246)	−0.016 (0.020)	−0.011 (0.020)	−0.012 (0.020)
M&A_size		0.007*** (0.001)	0.007*** (0.001)	0.007*** (0.001)
method		−0.108*** (0.007)	−0.107*** (0.007)	−0.109*** (0.007)
mills		−0.083*** (0.015)	−0.083*** (0.015)	−0.082*** (0.015)
industry	yes	yes	yes	yes
Year	yes	yes	yes	yes
C	−1.057*** (0.183)	0.183*** (0.038)	0.113*** (0.036)	0.137*** (0.039)
N	13 105	2 755	2 740	2 695
pseudo R^2	0.035			
R^2		0.1729	0.1711	0.1737

注：括号中为标准误，*、**、***分别代表10%、5%、1%的显著性水平。

资料来源：根据stata回归结果整理。

表6-15　董事会任期与行业竞争程度调节作用的Heckman回归结果

	CAR					
	模型 1	模型 2	模型 3	模型 4	模型 5	模型 6
relationship faultline	-0.070**		-0.054	0.010		0.007
	(0.030)		(0.035)	(0.023)		(0.023)
task-related faultline		0.061**	0.051**		0.078***	0.072***
		(0.025)	(0.026)		(0.018)	(0.018)
board tenure	-0.008*	0.009**	0.003			
	(0.004)	(0.004)	(0.007)			
relationship faultline×board tenure	0.013**		0.008			
	(0.006)		(0.008)			
task-related faultline×board tenure		-0.012**	-0.010*			
		(0.005)	(0.006)			
HHI				0.190***	0.269***	0.383***
				(0.057)	(0.057)	(0.071)
relationship faultline×HHI				-0.333***		-0.249***
				(0.077)		(0.079)
task-related faultline×HHI					-0.464***	-0.396***
					(0.083)	(0.085)

续表

	模型 1	模型 2	模型 3	模型 4	模型 5	模型 6
firmsize	-0.024***	-0.024***	-0.001	-0.011***	-0.011***	-0.011***
	(0.003)	(0.003)	(0.003)	(0.002)	(0.002)	(0.002)
leverage	0.003*	0.003*	0.003*	0.001	0.001	0.001
	(0.002)	(0.002)	(0.002)	(0.002)	(0.002)	(0.002)
ROA	-0.090*	-0.096*	-0.103*	-0.104*	-0.064	-0.091
	(0.050)	(0.059)	(0.058)	(0.060)	(0.061)	(0.062)
cash	0.086***	0.068**	0.022	0.045	0.041	0.034
	(0.027)	(0.031)	(0.031)	(0.033)	(0.033)	(0.034)
growth	-0.008	-0.004	0.018***	0.007	0.007	0.006
	(0.005)	(0.006)	(0.006)	(0.005)	(0.006)	(0.006)
shareholder	0.014	0.019	-0.046***	-0.006	-0.007	-0.004
	(0.013)	(0.015)	(0.014)	(0.014)	(0.014)	(0.014)
SOE	0.036***	0.037***	-0.010	0.013**	0.016***	0.012**
	(0.007)	(0.007)	(0.006)	(0.006)	(0.006)	(0.006)
duality	0.002	0.004	0.002	0.003	0.003	0.003
	(0.004)	(0.004)	(0.005)	(0.005)	(0.005)	(0.005)
boardsize	0.003**	0.004***	0.001	0.001	0.001	0.001
	(0.001)	(0.001)	(0.001)	(0.001)	(0.001)	(0.001)

续表

	模型 1	模型 2	模型 3	模型 4	模型 5	模型 6
independence	−0.018	−0.020	−0.016	−0.017	−0.012	−0.013
	(0.017)	(0.019)	(0.019)	(0.020)	(0.020)	(0.020)
M&A_size	0.006***	0.006***	0.006***	0.007***	0.007***	0.007***
	(0.001)	(0.001)	(0.001)	(0.001)	(0.001)	(0.001)
method	−0.113***	−0.113***	−0.107***	−0.107***	−0.107***	−0.106***
	(0.006)	(0.007)	(0.007)	(0.007)	(0.007)	(0.007)
mills	−0.186***	−0.194***	0.050**	−0.084***	−0.083***	−0.079***
	(0.025)	(0.029)	(0.024)	(0.015)	(0.015)	(0.015)
industry	yes	yes	yes	yes	yes	yes
Year	yes	yes	yes	yes	yes	yes
C	0.410***	0.324***	−0.027	0.169***	0.097**	0.118***
	(0.050)	(0.056)	(0.056)	(0.040)	(0.038)	(0.042)
N	4 042	3 170	3 102	2 635	2 619	2 576
R^2	0.178	0.176	0.183	0.174	0.175	0.180

注：括号中为标准误，*、**、***分别代表10%、5%、1%的显著性水平。

资料来源：根据stata回归结果整理。

表6-16 董事会群体断裂带强度与企业

长期并购绩效的Heckman两阶段回归结果

	模型1	模型2	模型3	模型4
	M&A	ΔROA		
M&A experience	0.334*** (0.043)			
relationship faultline		−0.069*** (0.019)		−0.058*** (0.019)
task-related faultline			0.031** (0.013)	0.027** (0.013)
firmsize	0.092*** (0.010)	−0.002 (0.002)	−0.000 (0.002)	−0.001 (0.002)
leverage	−0.003 (0.004)	−0.000 (0.002)	−0.000 (0.002)	−0.000 (0.002)
ROA	−0.055** (0.028)	−0.031 (0.057)	−0.030 (0.057)	−0.029 (0.057)
cash	−0.444*** (0.136)	0.003 (0.030)	0.002 (0.029)	−0.000 (0.029)
growth	0.130*** (0.020)	0.005 (0.004)	0.007 (0.004)	0.007 (0.004)
shareholder	0.018 (0.076)	−0.013 (0.014)	−0.013 (0.014)	−0.013 (0.014)
SOE	−0.323*** (0.027)	0.012* (0.007)	0.010 (0.007)	0.011 (0.007)
duality	0.050* (0.027)	0.005 (0.004)	0.005 (0.004)	0.005 (0.005)
boardsize	−0.013 (0.008)	−0.002 (0.001)	−0.002 (0.001)	−0.002 (0.001)
independence	−0.628** (0.246)	0.066** (0.031)	0.052* (0.031)	0.051* (0.031)
M&A_size		−0.001 (0.001)	−0.002 (0.001)	−0.001 (0.001)
method		−0.005 (0.006)	−0.008 (0.005)	−0.007 (0.005)
mills		−0.037* (0.019)	−0.032* (0.018)	−0.033* (0.018)
industry	yes	yes	yes	yes
Year	yes	yes	yes	yes
C	−1.057*** (0.183)	0.061 (0.044)	−0.004 (0.042)	0.038 (0.044)
N	13 105	2 733	2 737	2 684
pseudo R^2	0.035			
R^2		0.022	0.018	0.022

注：括号中为标准误，*、**、***分别代表10%、5%、1%的显著性水平。

资料来源：根据stata回归结果整理。

表6-17　董事会群体断裂带强度与企业长期并购绩效的Heckman两阶段回归结果

	模型1	模型2	模型3	模型4	模型5	模型6
			ΔROA			
relationship faultline	-0.055* (0.029)		-0.052 (0.033)	-0.016 (0.021)		-0.018 (0.021)
task-related faultline		0.070*** (0.022)	0.061*** (0.022)		0.096*** (0.015)	0.085*** (0.016)
board tenure	-0.007 (0.004)	0.011*** (0.003)	0.002 (0.007)			
relationship faultline×board tenure	0.011* (0.006)		0.012 (0.008)			
task-related faultline×board tenure		-0.017*** (0.005)	-0.015*** (0.005)			
HHI				0.234** (0.042)	0.358*** (0.042)	0.465*** (0.055)
relationship faultline×HHI				-0.308*** (0.053)		-0.190*** (0.058)
task-related faultline×HHI					-0.532*** (0.058)	-0.500*** (0.064)

续表

	模型 1	模型 2	模型 3	模型 4	模型 5	模型 6
firmsize	-0.001 (0.002)	0.003 (0.011)	0.000 (0.003)	-0.001 (0.002)	0.000 (0.002)	0.000 (0.002)
leverage	0.002 (0.001)	-0.001 (0.001)	-0.001 (0.001)	-0.000 (0.002)	-0.000 (0.002)	-0.000 (0.002)
ROA	-0.034 (0.047)	-0.079 (0.052)	-0.077 (0.052)	-0.046 (0.059)	-0.046 (0.058)	-0.052 (0.058)
cash	0.003 (0.025)	0.011 (0.035)	0.011 (0.027)	0.007 (0.031)	0.006 (0.030)	0.002 (0.030)
growth	0.007* (0.004)	0.010 (0.012)	0.008* (0.004)	0.005 (0.005)	0.006 (0.004)	0.006 (0.004)
shareholder	0.001 (0.012)	-0.022 (0.037)	-0.014 (0.014)	-0.016 (0.014)	-0.011 (0.014)	-0.014 (0.014)
SOE	0.007 (0.005)	-0.006 (0.024)	0.002 (0.007)	0.012* (0.007)	0.008 (0.007)	0.009 (0.007)
duality	0.010** (0.004)	0.008* (0.004)	0.009** (0.004)	0.005 (0.005)	0.006 (0.004)	0.006 (0.005)
boardsize	-0.001 (0.001)	-0.001 (0.001)	-0.001 (0.001)	-0.003** (0.001)	-0.002* (0.001)	-0.002* (0.001)

续表

	模型 1	模型 2	模型 3	模型 4	模型 5	模型 6
independence	0.032	0.050*	0.049*	0.077**	0.055*	0.053*
	(0.026)	(0.029)	(0.029)	(0.031)	(0.031)	(0.031)
M&A_size	-0.002*	-0.001	-0.001	-0.001	-0.002	-0.002
	(0.001)	(0.001)	(0.001)	(0.001)	(0.001)	(0.001)
method	-0.002	0.001	0.002	-0.004	-0.006	-0.004
	(0.005)	(0.005)	(0.005)	(0.006)	(0.005)	(0.006)
mills	-0.007	0.039	0.010	-0.038**	-0.030	-0.031*
	(0.020)	(0.126)	(0.022)	(0.019)	(0.018)	(0.019)
industry	yes	yes	yes	yes	yes	yes
Year	yes	yes	yes	yes	yes	yes
C	0.064	-0.087	-0.024	0.022	-0.053	-0.034
	(0.044)	(0.184)	(0.050)	(0.045)	(0.043)	(0.046)
N	3 894	3 165	3 092	2 615	2 620	2 568
R^2	0.011	0.018	0.014	0.037	0.054	0.057

注：括号中为标准误，*、**、***分别代表10%、5%、1% 的显著性水平。

资料来源：根据 stata 回归结果整理。

6.4 本章小结

　　本章主要考察了董事会关系型群体断裂带强度与任务型群体断裂带对企业并购绩效的影响。并购是企业实现规模扩张快速成长的重要战略，成功的并购能够帮助企业发展壮大、增强企业的竞争优势。但是并购往往涉及技术、市场、人力以及其他资源的整合，是一个非常复杂过程。因此作为企业并购的主要决策者，董事会的决策质量对并购绩效有着重要的影响。董事会是一个由多个具有不同特征的个体组成的决策群体，在该群体中很可能出现能够将群体划分为若干子群体的群体断裂带。根据分类–加工理论，不同类型的群体断裂带在群体内部产生了不同的群际偏见，而群际偏见的差异影响着群体的信息加工过程，最终导致群体决策结果不同。因此本章以此为基础考察董事会关系型群体断裂带和任务型群体断裂带在并购决策中的不同作用如何影响企业并购绩效。群际接触理论指出，群体成员之间的接触可以改善群际偏见，因此本章在此基础上考察了董事会任期对董事会群体断裂带强度与并购绩效关系的调节作用。现有研究进一步指出，在不同的环境中，群体断裂带的作用可能会被放大或减弱，因此本章进一步考察行业环境尤其是行业竞争程度对董事会群体断裂带强度与企业并购绩效关系的调节作用。

　　本章以 2008—2019 年沪深 A 股上市公司发生的并购交易事件为样本实证检验董事会不同类型群体断裂带对企业并购绩效的影响，以及董事会任期和行业竞争程度对两者关系的影响。研究结果表明，关系型群体断裂带通过激发董事会中不同子群体之间的群际偏见阻碍了董事会并购决策中的信息加工过程，因此更可能导致企业并购绩效受损。任务型群体断裂带在董事会中划分的子群体之间的群际偏见较小，有利于提高董事会的信息加工质量，进而提高企业的并购绩效。对于董事会任期的调节作用，本章认为董事会任期能够削弱关系型群体断裂带对并购绩效的消极影响，但这一结论未得到稳健的实证检验支持；董事会任期对任务型群体断裂带强度与企业并购绩效的关系有着负向调节作用，即董事会任期的增加削弱了任务型群体断裂带对并购绩效的正向影响。对于行业竞争程度的调节作用，本章同样认为行业竞争程度能够削弱关系型群体断裂带对并购绩效的消极影响，但这一结论也未得到稳健的实证检验支持；行业竞争程度对任务型群体断裂带强度与企业并购绩效的关系有着正向调节作用，即行业竞争程度的提高增强了任务型群体断裂带对并购绩效的正向影响。

7 研究结论与展望

7.1 研究结论

    并购是企业实现规模扩张、开拓市场、迅速成长的主要战略之一。随着经济的快速发展，企业并购不仅在数量上激增，在并购规模上也逐渐扩大。但是并购本身是一项涉及技术、市场、会计、金融、法律等多个专业领域的复杂过程，其中充满了不确定性，现实中企业并购的现状也表明成功的并购非常难得。董事会作为企业并购的主要决策群体与执行者在企业并购中发挥着重要作用。现有研究表明，群体断裂带作为决定群体非正式结构的关键因素之一，通过影响群体决策过程为群体带来不同的产出。本书结合现有研究，以社会认同理论、分类-加工理论为基础考察董事会群体断裂带对上市公司并购行为与效果的影响。本书根据现有研究将董事会群体断裂带分为关系型群体断裂带与任务型群体断裂带，并且将上市公司并购行为与效果界定为企业的并购战略选择、并购溢价以及并购绩效。本书的研究主要是董事会关系型群体断裂带与任务型群体断裂带如何影响企业的并购战略选择、并购溢价以及企业的并购绩效。为了更加深入地剖析董事会关系型群体断裂带与任务型群体断裂带的作用机制，本书进一步考察了董事会任期和行业竞争程度对群体断裂带与企业并购战略选择、并购溢价、并购绩效关系的调节作用。

本书的主要研究结论如下：

首先，关于董事会群体断裂带对企业并购战略选择的影响，分类-加工理论指出，不同的社会分类在群体中引发的群际偏见有所不同，而群际偏见又是影响群体信息加工过程的重要因素，与较弱的群际偏见相比，强烈的群际偏见会增加子群体之间的冲突与矛盾，阻碍群体中的信息共享，进而破坏群体的信息加工过程及结果。董事会中关系型群体断裂带引发的社会分类会产生较强的群际偏见，因此对董事会的信息加工过程产生了破坏作用，不利于董事会发现并购机会，从而降低了企业选择并购战略的概率。任务型群体断裂带在董事会中划分的子群体更加注重彼此之间在知识、信息资源等方面的差异，这样的社会分类促进了子群体之间的信息交流，丰富了董事会在发掘并购机会时可用的信息，因此提高了董事会选择并购战略的概率。此外，根据群际接触理论，本书研究发现董事会任期削弱了董事会关系型群体断裂带对企业并购战略选择的负向影响以及董事会任务型群体断裂带对企业并购战略选择的正向影响。行业竞争程度的加剧能够激励董事会成员抛开群际偏见共同努力实现企业的生存发展目标。因此激烈的行业竞争减弱了董事会关系型群体断裂带对企业并购战略选择的负向影响，增强了董事会任务型群体断裂带对企业并购战略选择的正向影响。本书采用2008—2019年沪深A股上市公司的数据运用Logit回归、负二项回归、OLS回归、事件史回归等方法进行实证分析，结果表明董事会关系型群体断裂带强度与企业并购战略选择呈负相关关系，董事会任期与行业竞争程度对这一关系有着负向调节作用；董事会任务型群体断裂带强度与企业并购战略选择呈正相关关系，董事会任期对这一关系有着负向调节作用，行业竞争程度对这一关系有着正向调节作用。

其次，本书进一步考察了董事会群体断裂带对企业并购定价决策的影响。并购溢价决策面临着大量的不确定性，因此企业需要更多的信息以避免支付过高的并购溢价从而维护企业利益。董事会中关系型群体断裂带激发了董事会中的群际偏见，增加了子群体之间的沟通障碍，导致不同子群体成员之间的信息无法在整个董事会中进行共享，减少了董事会决策中的信息量。董事会中的群际偏见降低了信息加工过程中对信息的利用率，最终提高了企业在并购中支付高溢价的概率。董事会中任务型群体断裂带划分出的子群体对信息资源差异的关注有利于信息在不同子群体之间的流通，而且有利于提高董事会信息加工质量，降低了企业支付高并购溢价的概率。此外，董事会任期减弱了关系群体断裂带引发的群际偏见，也降低了任务型群体断裂带下董事会成员获得新信息的能力。因此董事会任期减弱了董事会关系型群体断裂带对并购溢价的正向影响以及董事会任务型群体断裂带对并购溢价的负向影响。激烈的行业竞争提高了董事会因企业经营不善而被市场淘汰的风险，增强了董事会成员的目标导向，有利于提高董事会的决策质量。因此行业竞争的加剧减弱了董事会关系型群体断裂带对企业并购溢价的正向影响，增强了任务型群体断裂带对企业并购溢价的负向影响。本书采用 2008—2019 年沪深 A 股上市公司的数据运用 OLS 回归的固定效应、GEE 回归、Heckman 两阶段回归等方法进行实证分析，结果表明，董事会关系型群体断裂带强度与企业并购溢价呈正相关关系，董事会任期和行业竞争程度对这一关系有负向调节作用；董事会任务型群体断裂带强度与企业并购溢价呈负相关关系，董事会任期对这一关系有负向调节作用，行业竞争程度对这一关系有正向调节作用。

最后，本书考察了董事会群体断裂带对企业并购绩效的影响。企业发起并购的目的归根结底是给企业创造更大的价值，并购绩效是判断企业并购成功与否的主要指标之一。企业并购涉及发掘并购机会、选择并购目标、评估被并企业、制定并购价格、并购后整合等诸多环节，其中，每一项决策和每一个环节都可能影响企业的并购绩效。这就需要董事会在并购过程中收集大量的信息并对已有信息进行充分的加工以提高决策质量、作出有利于提高并购绩效的决策。董事会关系型群体断裂带强度的提高会激发董事会成员之间的群际偏见，破坏董事会信息加工过程，不利于企业并购绩效的提高；而任务型群体断裂带在董事会中划分出的子群体之间信息的差异有助于董事会成员明确董事会中的信息分布，提高董事会的信息加工过程的效率，最终为企业带来更高的并购绩效。此外，根据群际接触理论，董事会任期减弱了董事会中的群际偏见以及董事会成员对新信息的获取，因此董事会任期削弱了董事会关系型群体断裂带对并购绩效的负向影响以及董事会任务型群体断裂带对并购绩效的正向影响。行业竞争程度的增加减弱了行业内的信息不对称，增强了市场对董事会的监督，因此董事会更加有动机加强自我约束提高决策质量。因此行业竞争程度削弱了董事会关系型群体断裂带对并购绩效的负向影响，增强了董事会任务型群体断裂带对并购绩效的正向影响。

本书采用2008—2019年沪深A股上市公司的数据运用OLS回归的固定效应、Heckman两阶段回归等方法进行实证分析，结果表明，董事会关系型群体断裂带强度与企业并购绩效呈负相关关系，董事会任期和行业竞争程度对这一关系的调节作用未得到实证检验的支持；董事会任务型群体断裂带强度与企业并购绩效呈正相关关系，董事会任期对这一关系有着负向调节作用，行业竞争程度对这一关系有着正向调节作用。

7.2 政策建议

董事会的职责之一是为企业制定重大的战略决策，因此董事会的决策质量直接影响着企业的发展甚至决定了企业的成败。自2008年全球金融危机以来，人们越来越认识到董事会多元化对公司治理的重要性，越来越多的企业将多元化作为构建董事会的一个关键指标。但是本书研究表明，单纯地追求董事会的多元化并不一定能够帮助企业作出好的决策，因为多元化董事会中可能出现的不同类型的群体断裂带对其决策过程有着不同的影响。具体而言，本书研究认为，关系型群体断裂带会破坏董事会的信息加工过程，不利于董事会作出高质量的决策；任务型群体断裂带有利于提高董事会信息加工的效率与效果，能够促进董事会作出更有利于企业发展的决策。同时本书研究发现不同的情境下群体断裂带对董事会决策的影响程度也有所不同。

基于以上研究结论，本书提出如下政策建议：

首先，企业在遴选董事会成员时不仅应该注重成员特征的多样性，更应该关注成员特征在董事会中的分布情况，避免董事会中形成不利于提高决策质量的群体断裂带。根据董事会多元化的要求，企业在选择董事会成员时会考虑具有不同特征的人员。在这一过程中企业应该更加关注候选人员与工作能力相关的特征，如教育水平、职业背景等，尽可能丰富董事会的信息资源，同时也能够避免关系型群体断裂带的产生。同时企业在选择候选人时应尽可能减少对年龄、性别等可能引发群际偏见的个体特征的关注，避免由于这些个体特征在董事会中形成关系型群体断裂带。

其次，本书研究表明，群体断裂带影响群体决策的重要原因在于其可能引发的群际偏见，能够激发群际偏见的群体断裂带会破坏决策过程。因此在实践中企业应该注重降低董事会中的群际偏见，减少董事会成员之间可能出现的对立与冲突。例如，根据本书引用的群际接触理论，不同群体成员之间的接触可以有效缓解群际关系。因此企业应创造一种开放宽容的环境，增加董事会成员之间的互动与交流，以此增进彼此之间的了解与情感，降低不同特征的董事会成员之间出现群际偏见的可能性。

最后，本书研究发现，当企业处于竞争激烈的行业中时，董事会成员面临更大的压力，这种情况下董事会成员更可能忽视子群体成员身份以期和其他成员共同承担激烈竞争带来的压力。因此企业在实践中应该注重增强董事会成员对整个董事会的认同感，避免董事会成员对小群体的归属感超越对整个董事会的归属感。例如，企业可以通过适当的工作目标设定增加董事会成员所面临的压力，以此促进董事会成员忽略群际偏见，相互团结以完成企业目标。

7.3 研究局限与未来展望

本书研究虽然具有一定的理论意义与现实意义，但是由于研究问题的复杂性以及客观资源的限制，加之作者研究水平有限，本书研究不可避免地存在一定的局限性，具体如下：

首先，本书研究以分类–加工理论为基础，考察董事会关系型群体断裂带以及任务型群体断裂带通过在董事会中引发群际偏见进一步影响董事会在并购中的信息加工过程最终影响企业的并购战略决策、并购溢价以及并购绩效。虽然本书以沪深 A 股上市公司为样本进行实证研究并且通过多种方法对研究结论进行稳健性检验，但是由于董事会的群际偏见以及董事会的信息加工难以通过变量进行测量，因此本书研究对群体断裂带影响企业并购的机制的论证仍显不足。未来研究可以寻找合适的企业作为研究对象，进入企业内部实地考察董事会在并购中的具体决策过程，通过案例研究的方法进一步检验本书的研究结论。

其次，虽然本书依据现有研究对董事会关系型群体断裂带与任务型群体断裂带进行了测量，但是由于数据问题，本书仅能获得董事会成员的年龄、性别、学历、职业背景、任期等特征作为计算群体断裂带的依据，但是影响董事会中关系型群体断裂带与任务型群体断裂带形成的因素可能还有很多，这就影响了本书对董事会群体断裂带的测量的精确度。此外，本书对董事会群体断裂带的测量仅仅是通过成员个体特征经过数学方法计算而来，无法判断董事会群体断裂带的真实情况。因此综合以上两点，本书对群体断裂带的测量依然存在一些缺陷，未来研究可以继续改进关于群体断裂带的测量方法提高其精确度，增强相关研究的准确性。

参考文献

[1] 陈仕华，姜广省，卢昌崇．董事联结、目标公司选择与并购绩效——基于并购双方之间信息不对称的研究视角［J］．管理世界，2013（12）：117-132.

[2] 陈仕华，卢昌崇．企业间高管联结与并购溢价决策——基于组织间模仿理论的实证研究［J］．管理世界，2013（5）：144-156.

[3] 陈信元，靳庆鲁，肖土盛，等．行业竞争、管理层投资决策与公司增长/清算期权价值［J］．经济学（季刊），2014（1）：305-332.

[4] 仇勇，王文周，苏宏宇．团队断层会阻碍员工创新吗？［J］．科学学研究，2019，37（5）：950-960.

[5] 杜娟，赵曙明，林新月．悖论型领导风格情境下团队断层与团队创造力的作用机制研究［J］．管理学报，2020，17（7）：988-997.

[6] 韩立丰，王重鸣，许智文．群体多样性研究的理论述评——基于群体断层理论的反思［J］．心理科学进展，2010（2）：374-384.

[7] 赖黎，巩亚林，马永强．管理者从军经历、融资偏好与经营业绩［J］．管理世界，2016（8）：126-136.

[8] 李彬，潘爱玲．税收诱导、战略异质性与公司并购［J］．南开管理评论，2015，18（6）：125-135.

[9] 李善民，黄灿，史欣向．信息优势对企业并购的影响——基于社会网络的视角［J］．中国工业经济，2015（11）：141-155.

[10] 李维安，刘振杰，顾亮．董事会异质性、断裂带与跨国并购［J］．管理科

学，2014，27（4）：1-11.

[11] 李小青，周建．董事会群体断裂带对企业战略绩效的影响研究——董事长
职能背景和董事会持股比例的调节作用［J］．外国经济与管理，2015
（11）：3-14.

[12] 李小青，周建．董事会群体断裂带的内涵、来源以及对决策行为的影
响——文献综述与理论研究框架构建［J］．外国经济与管理，2014，36
（3）：3-9.

[13] 梁上坤，徐灿宇，王瑞华．董事会断裂带与公司股价崩盘风险［J］．中国
工业经济，2020（3）：155-173.

[14] 林明，董必荣，戚海峰．上市国企高管团队任务断裂带对企业绩效的影
响——实际控制人控股程度与市场竞争的调节作用［J］．财贸研究，2018
（4）：93-101.

[15] 唐绍祥．我国总体并购活动与宏观经济变量的关联性研究——对我国并购
浪潮成因的分析［J］．数量经济技术研究，2007（1）：83-91.

[16] 万良勇，胡璟．网络位置、独立董事治理与公司并购——来自中国上市公
司的经验证据［J］．南开管理评论，2014，17（2）：64-73.

[17] 王端旭，薛会娟．多样化团队中的断裂带：形成、演化和效应研究［J］．
浙江大学学报（人文社会科学版），2009，39（5）：122-128.

[18] 王林元，王晓慧．影响企业并购的宏观经济因素分析——基于企业并购理
论与中国市场实践的实证研究［J］．吉林金融研究，2011（9）：5-10.

[19] 王晓亮，邓可斌．董事会性别断裂带与资本结构决策效率提升［J］．经济
管理，2020（11）：160-176.

[20] 王艳，阚铄．企业文化与并购绩效［J］．管理世界，2014（11）：146-157.

[21] 魏钧，董玉杰．团队断裂带对员工绩效的影响：一项跨层次研究［J］．管
理工程学报，2017，31（3）：11-18.

[22] 谢小云，张倩．国外团队断裂带研究现状评介与未来展望［J］．外国经济
与管理，2011（1）：34-42.

[23] 张秋生，周琳．企业并购协同效应的研究与发展［J］．会计研究，2003
（6）：44-47.

[24] 张文红，张骁，翁智明．制造企业如何获得服务创新的知识——服务中介
机构的作用［J］．管理世界，2010（10）：122-134.

[25] 张耀伟，陈世山，曹甜甜．董事会断层、差异整合机制与投资决策质量研
究［J］．南开管理评论，2021，24（02）：94-107.

[26] 周建，李小青．董事会认知异质性对企业创新战略影响的实证研究［J］．
管理科学，2012（6）：1-12.

[27] 周小春，李善民. 并购价值创造的影响因素研究 [J]. 管理世界，2008 (5)：134-143.

[28] AGUINIS H, GOTTFREDSON R K, JOO H. Best practice pecommendations for defining, identifying, and handling outliers [J]. Organizational Research Methods, 2013, 16：270-301.

[29] AHUJA G. Collaboration networks, structural holes, and innovation：A longitudinal study [J]. Administrative Science Quarterly, 2000, 45：425–455.

[30] AKTAS N, DE B E, BOLLAERT H, et al. CEO narcissism and the takeover process：From private initiation to deal completion [J]. Journal of Financial and Quantitative Analysis, 2016, 51 (1)：113-137.

[31] ALEXEI V, OVTCHINNIKOV. Merger waves following industry deregulation [J]. Journal of Corporate Finance, 2013, (21)：51-76.

[32] ALLPORT G W. The nature of prejudice [J]. Journal of Negro History, 1954, 52 (3).

[33] AMIHUD Y, LEV B T N. Corporate control and the choice of investment financing：The case of corporate acquisition [J]. Journal of Finance, 1990, 45 (2)：603-616.

[34] ANDREAS P, CORNETT. Aims and strategies in regional innovation and growth policy：A danish perspective [J]. Entrepreneurship & Regional Development, 2009, 21 (4)：399-420.

[35] ANDREVSKI G, RICHARD O C, SHAW J D, et al. Racial diversity and firm performance the mediating role of competitive intensity [J]. Journal of Management, 2014, 40 (3)：820–844.

[36] ANDY C, PAUL G M, ALAN H. Board share-ownership and takeover performance [J]. Journal of Business Finance, 2006, 33 (3-4)：459-510.

[37] ANG S H. Competitive intensity and collaboration impact on firm growth across technological environments [J]. Strategic Management Journal, 2008, 29 (10)：1057-1075.

[38] ANTKIEWICZ A, WHALLEY J. Recent Chinese buyout activity and the implications for wider global investment rules [J]. Canadian Public Policy, 2007, 33 (2)：207-226.

[39] ARON A, MCLAUGHLIN-VOLPE T. Including others in the self：Extensions to own and partner's group memberships [M]. London：

参
考
文
献

Psychology Press，2001.

[40] ASHBAUGH-SKAIFE H，COLLINS D W，LAFOND R. The effects of corporate governance on firms' credit ratings ［J］. Journal of Accounting and Economics，2006，42（1/2）：203-243.

[41] BANTEL K A，JACKSON S E. Top management and innovations in banking：Does the composition of the top team make a difference? ［J］. Strategic Management Journal，1989，10（S1）：107-124.

[42] BARKEMA H G，SHVYRKOV O. Does top management team diversity promote or hamper foreign expansion? ［J］. Strategic Management Journal，2007，28（7）：663-680.

[43] BARKOULAS J T，BAUM C F，CHAKRABORTY A. Waves and persistence in merger and acquisition activity ［J］. Economics Letters，2001，70（2）：237-243.

[44] BARNETT W P. The dynamics of competitive intensity ［J］. Administrative Science Quarterly，1997，42：128-160.

[45] BE'DARD J C，R H，U H. Chief financial officers as inside directors ［J］. Contemporary Accounting Research，2014，31（3）：787-817.

[46] BEBCHUK L A，FRIED J M，WALKER D I. Managerial power and rent extraction in the design of executive compensation ［J］. University of Chicago Law Review，2002，69：751-846.

[47] BECHTOLDT M N，DREU C D，NIJSTAD B A，et al. Motivated information processing，social tuning，and group creativity ［J］. Journal of Personality & Social Psychology，2010，99（4）：622-637.

[48] BECKMAN C M，HAUNSCHILD P R. Network learning：The effects of heterogeneity of partners' experience on corporate acquisitions ［J］. Administrative Science Quarterly，2002，47：92-124.

[49] BETTINAZZI E L M，ZOLLO M. Stakeholder orientation and acquisition performance ［J］. Strategic Management Journal，2017，38：2465-2485.

[50] BEZRUKOVA K，JEHN K A，ZANUTTO E L. A field study of group faultlines，team identity，conflict，and performance in organizatioal groups ［J］. Social Science Electronic Publishing，2002.

[51] BEZRUKOVA K，JEHN K A，ZANUTTO E L，et al. Do workgroup faultilines help or hurt? A moderated model of faultlines，team identification，and group performance ［J］. Organization Science，

2009, 20 (1): 35-50.

[52]   BODE K D, VAN K D, GINKEL W. Good effects of bad feelings: Negative affectivity and group decision-making [J]. British Journal of Management, 2010, 21 (2) 375-392.

[53]   BOISOT M, CHILD J. From fiefs to clans and network capitalism: Explaining China's emerging economic order [J]. Administrative Science Quarterly, 1996, 41: 600-628.

[54]   BRADLEY M, DESAI A, KIM E H. Synergistic gains from corporate acquisitions and their division between the stockholders of target and acquiring firm [J]. Journal of Financial Economics, 1988, 21 (1): 3-40.

[55]   BUNDERSON S. Recognizing and utilizing expertise in work groups a status characteristics perspective [J]. Administrative Science Quarterly, 2003, 48 (4): 557-591.

[56]   BYRD J, HICKMAN K. Board of director composition and the profitability and shareholder wealth effects of acquisitions [J]. Journal of Financial Economics, 1992, 32: 195-222.

[57]   CAI Y, SEVILIR M. Board connections and M&A transactions [J]. Journal of Financial Economics, 2012, 63 (1): 253-257.

[58]   CAIN M D, MCKEON S B. CEO personal risk-taking and corporate policies [J]. Journal of Financial and Quantitative Analysis, 2016, 51 (1): 139-164.

[59]   CANNELLA A A, PARK J H, LEE H U. Top management team functional background diversity and firm performance: Examining the roles of team member colocation and environmental uncertainty [J]. Academy of Management Journal, 2008, 51 (4): 768-784.

[60]   CARTER D A, D'SOUZA F P, SIMKINS, B J, et al. The diversity of corporate board committees and firm financial performance [J]. SSRN Electronic Journal, 2007.

[61]   CARTON A M, CUMMINGS J N. A theory of subgroups in work teams [J]. Academy of Management Review, 2012, 37 (3): 441-470.

[62]   CASTRO C B, DE L C M D, DOMINGUEZ M, et al. Does the team leverage the board's decisions? [J]. Corporate Governance, 2009, 17 (6): 744-761.

[63]   CHATMAN J A, FLYNN F J. The influence of demographic heterogeneity

on the emergence and consequences of cooperative norms in work teams [J]. Academy of Management Journal, 2001, 44: 956-974.

[64] CHATTOPADHYAY P, GEORGE T E. Identifying the ingroup: A closer look at the influence of demographic dissimilarity on employee social identity [J]. Academy of Management Review, 2004, 29 (2): 180-202.

[65] Chen G, CROSSLAND C, HUANG S. Female board representation and corporate acquisition intensity [J]. Strategic Management Journal, 2016, 37 (2): 303-313.

[66] CHENG S. Board size and the variability of corporate performance [J]. Journal of Financial Economics, 2008, 87 (1): 157-176.

[67] CHO T S, HAMBRICK D C. Attention as the mediator between top management team characteristics and strategic change: The case of airline deregulation [J]. Organization Science, 2006, 17 (4): 453-469.

[68] CHOI J N, SY T. Group level organizational citizenship behavior: Effects of demographic faultlines and conflict in small work groups [J]. Journal of Organizational Behavior, 2010, 31: 1032-1054.

[69] CHRISTOPHER S T, KAREN S, RICHARD A J. Attention patterns in the boardroom: How board composition and processes affect discussion of entrepreneurial issues [J]. Academy of Management Journal, 2010, 53 (3): 550-571.

[70] CHROBOT-MASON D, RUDERMAN M N, WEBER T J, et al. The challenge of leading on unstable ground: Triggers that activate social identity faultlines [J]. Human Relations, 2009, 62: 1763-1794.

[71] CHUNG Y, LIAO H, JACKSON S E, et al. Cracking but not breaking: Joint effects of faultline strength and diversity climate on loyal behavior [J]. Academy of Management Journal, 2015, 58: 1495-1515.

[72] COASE R H. The nature of the firm [J]. Economica, 1937, 4 (16): 386-405.

[73] COLES J L, DANIEL N D, NAVEEN L. Boards: Does one size fit all? [J]. Journal of Financial Economics, 2008, 87 (2): 329-356.

[74] COLES J L, DANIEL N D, NAVEEN L. Co-opted boards [J]. Review of Financial Studies, 2014, 27 (6): 1751-1796.

[75] COLLINS J D, HOLCOMB T R, CERTO S T, et al. Learning by doing: Cross-border mergers and acquisitions [J]. Journal of Business

Research, 2009, 62 (12): 1329-1334.

[76] COOPER D, PATEL P C, THATCHER S M. It depends environmental context and the effects of faultlines on top management team performance [J]. Organization Science, 2014, 25 (2): 633-652.

[77] CORRELL S J, RIDGEWAY C L. Expectation states theory [M]. New York: Kluwer Academic/Plenum Publishers, 2003.

[78] COX D R. Regression models and life-tables [J]. Journal of the Royal Statistical Society, 1972, 34: 187-220.

[79] CRISP R J, HEWSTONE M. Multiple categorization and implicit intergroup bias: Differential category dominance and the positive-negative asymmetry effect [J]. European Journal of Social Psychology, 2010, 31 (1): 45-62.

[80] CROCI E, GIUDICE A D. Delistings, controlling shareholders and firm performance in Europe [J]. European Financial Management, 2012, 1-32.

[81] CRONIN M A, BEZRUKOVA K, WEINGART L R, et al. Subgroups within a team: The role of cognitive and affective integration [J]. Journal of Organizational Behavior, 2011, 32: 831-849.

[82] CUYPERS I R, CUYPERS Y, MARTIN X. When the target may know better effects of experience and information asymmetries on value from mergers and acquisitions [J]. Strategic Management Journal, 2017, 38: 609-625.

[83] DATTA S, MAI I. Executive compensation and corporate acquisition decisions [J]. The Journal of Finance, 2001, 56 (6): 2299-2337.

[84] DAVID H, SANDY K, WILLIAM F M. The Influence of product market dynamics on a firm's cash hodings and hedging behavior [J]. Journal of Financial Economics, 2007, 84 (3): 797-825.

[85] DENIS D J, DENIS D K, SARIN A. Managerial incentives and corporate diversification strategies [J]. Journal of Applied Corporate Finance, 1997, 10 (2): 72-80.

[86] DENNIS B V, NIELS H, THEO J B M P, et al. A tale of two factions: Why and when factional demographic faultlines hurt board performance [J]. Corporate Governance, 2015, 23 (2): 145-160.

[87] DICK V R, KNIPPENBERG V D, HAGELE S. Group diversity and group identification: The moderating role of diversity beliefs [J]. Human

Relation, 2008, 61 (10): 1463-1492.

[88] DONALD C, HAMBRICK S E, HUMPHREY A G. Structural interdependence within top management teams: A key moderator of upper echelons predictions [J]. Strategic Management Journal, 2015, 36 (3): 449-461.

[89] DONALDSON L, DAVIS J H. Stewardship theory or agency theory: CEO governance and shareholder returns [J]. Australian Journal of Management, 1991, 16: 49-64.

[90] DONALDSON T, PRESTON L E. The stakeholder theory of the corporation: Concepts, evidence, and implications [J]. Academy of Management Review, 1995, 20 (1): 65-91.

[91] DOVIDIO J F, GAERTNER S L. Intergroup bias [M] //Handbook of Social Psychology. Hoboken,NJ: John Wiley & Sons,Inc.,2010.

[92] DOVIDIO J F, GAERTNER S L, VALIDZIC A. Inter-group bias: Status, differentiation, and a common in-group identity [J]. Journal of Personality and Social Psychology, 1998, 75: 109-120.

[93] DROGE C, CALANTONE R J, HARMANCIOGLU N. New product success is it really controllable by managers in highly turbulent environments [J]. Journal of Product Innovation Management, 2008, 25: 272-286.

[94] EDMANS A, GABAIX X, SADZIK T, et al. Dynamic CEO compensation [J]. The Journal of Finance, 2011, 67 (5): 1603-1647.

[95] EISENHARDT K M, BOURGEOIS L J. Politics of strategic decision making in high-velocity environments: Toward a midrange theory [J]. Academy Management Journal, 1988, 31 (4): 737-770.

[96] EISENHARDT K M, KAHWAJY J L, BOURGEOIS L J. Conflict and strategic choice: How top management teams disagree [J]. California Management Review, 1997, 39 (2): 91-101.

[97] EL-KHATIB R, FOGEL K, JANDIK T. CEO network centrality and merger performance [J]. Journal of Financial Economics, 2015, 116 (2): 349-382.

[98] ELLER A, ABRAMS D. Come together: Longitudinal comparisons of pettigrew's reformulated intergroup contact model and the common ingroup identity model in Anglo-French and Mexican-American contexts [J]. European Journal of Social Psychology, 2004, 34: 1-28.

[99] FAHLENBRACH R, LOW A, STULZ R M. Do independent director departures predict future bad events [J]. The Review of Financial Studies, 2017, 30 (7): 2313-2358.

[100] FAMA E F, JENSEN M C. Separation of ownership and control [J]. The Journal of Law and Economics, 1983, 26 (2): 301-325.

[101] FEE E, HADLOCK C. Management turnover and product market competition: Empirical evidence from the U.S. newspaper industry [J]. Journal of Business, 2000, 73 (2): 205-243.

[102] FERREIRA D, FERREIRA M A, RAPOSO C C. Board structure and price informativeness [J]. Journal of Financial Economics, 2011, 99 (3): 523-545.

[103 FRANKS J R, HARRIS R S, TITMAN S. The post-merger share-price performance of acquiring firms [J]. Journal of Financial Economics, 1991, 29 (1): 81-96.

[104] GAERTNER S L, DOVIDIO J F, GUERRA R, et al. A common ingroup identity: A categorization-based approach for reducing intergroup bias [M]. New York: Psychology Press, 2016.

[105] GAMACHE D L, MCNAMARA G, MANNOR M J, et al. Motivated to acquire the impact of ceo regulatory focus on firm acquisitions [J]. Academy of Management Journal, 2015, 58 (4): 1261-1282.

[106] GÄRTNER D L, HALBHEER D. Are there waves in merger activity after all? [J]. International Journal of Industrial Organization, 2009, 27 (6): 708-718.

[107] GEORGAKAKIS D, GREVE P, RUIGROK W. Top management team faultlines and firm performance: Examining the CEO-TMT interface [J]. The Leadership Quarterly, 2017, 28 (6): 741-758.

[108] GIACHETTI C, DAGNINO G B. Detecting the relationship between competitive intensity and firm product line length [J]. Strategic Management Journal, 2014, 135 (9): 398-1409.

[109] VERMEULEN G F. A healthy divide: Subgroups as a stimulus for team learning behavior [J]. Administrative Science Quarterly, 2003, 48 (2): 202-239.

[110] GINKEL W, VAN K D. Group information elaboration and group decision making: The role of shared task representations [J]. Organizational Behavior and Human Decision Processes, 2008, 105 (1): 82-97.

[111] GÓMEZ A, TROPP L R, FERNÁNDEZ S. When extended contact opens the door to future contact: Testing the effects of extended contact on attitudes and intergroup expectancies in majority and minority groups [J]. Group Processes & Intergroup Relations, 2011, 14: 161-173.

[112] GONG Y, YU ZH, JUN X. Do firms learn more from small of big successes and failures? A test of the outcome-based feedback learning perspective [J]. Journal of Management, 2019, 45 (3): 1034-1056.

[113] GORANOVA M, PRIEM R L, NDOFOR H A, et al. Is there a "dark side" to monitoring board and shareholder monitoring effects on M&A performance extremeness [J]. Strategic Management Journal, 2017, 38 (11): 2285-2297.

[114] GRANT F, HOGG M A. Self-uncertainty, social identity prominence and group identification [J]. Journal of Experimental Social Psychology, 2012, 48 (2): 538-542.

[115] GRINSTEIN Y, HRIBAR P. CEO compensation and incentives: Evidence from M&A bonuses [J]. Journal of Financial Economics, 2004, 73 (1): 119-143.

[116] HALEBLIAN J J, KIM J Y, RAJAGOPALAN N. The Influence of Acquisition experience and performance on acquisition behavior: Eevidence from the US commercial banking industry [J]. Academy of Management Journal, 2006, 49 (2): 357-370.

[117] HALEBLIAN J J, PFARRER M D, KILEY J T. High-reputation firms and their differential acquisition behaviors [J]. Strategic Management Journal, 2017, 38 (11): 2237-2254.

[118] HALEBLIAN J, DEVERS C E, MCNAMARA G, et al. Taking stock of what we know about mergers and acquisitions: A review and research agenda [J]. Journal of Management, 2009, 35 (3): 469-502.

[119] HAMBRICK D C, CHEN C M J. The influence of top management team heterogeneity on firms' competitive moves [J]. Administrative Science Quarterly, 1996, 41 (4): 659-684.

[120] HAMBRICK D C. Upper echelons theory: An update [J]. Academy of Management Review, 2007, 32: 334-343.

[121] HAMBRICK D C, HUMPHREY S E, GUPTA A. Structural interde-

pendence within top management teams: A key moderator of upper echelons predictions [J]. Strategic Management Journal, 2015, 36 (4): 449-461.

[122] HAMBRICK D C, MASON P A. Upper echelons: The organization as a reflection of its top managers [J]. Academy of Management Review, 1984, 9: 193-206.

[123] HARFORD J K L. Decoupling CEO wealth and firm performance: The case of acquiring CEOs [J]. Journal of Finance, 2007, 62 (2): 917-950.

[124] HARP N L, BARNES B G. Internal control weaknesses and acquisition performance [J]. The Accounting Review, 2018, 93 (1): 235-258.

[125] HARRISON D A, KLEIN K J. What's the difference? diversity constructs as separation, variety, or disparity in organizations [J]. Academy of Management Review, 2007, 32 (4): 1199-1228.

[126] HART C M, VAN V M. From faultline to group fission: Understanding membership changes in small groups [J]. Personality and Social Psychology Bulletin, 2006, 32: 392-404.

[127] HAUNSCHILD P R, BECKMAN C M. When do interlocks matter? alternate source of information and interlock influence [J]. Administrative Science Quarterly, 1998, 43 (4): 103-127.

[128] HAYWARD M L A, HAMBRICK D C. Explaining the premiums paid for large acquisitions: Evidence of ceo hubris [J]. Administrative Science Quarterly, 1997, 42 (1): 103-127.

[129] HE J, HUANG Z. Board informal hierarchy and firm financial performance: Exploring a tacit structure guiding boardroom interactions [J]. Academy of Management Journal, 2011, 54: 1119-1139.

[130] GREVE H R, ZHANG C M. Institutional logics and power sources: Merger and acquisition decisions [J]. Academy of Management Journal, 2017, 60 (2): 671-694.

[131] HERMALIN B. The effect of competition on executive behavior [J]. The Rand Journal of Economics, 1992, 23 (3): 350-365.

[132] HINSZ V B, TINDALE R S, VOLLRATH A. The emerging conceptualization of groups as information processes [J]. Psychological Bulletin, 1997, 121 (1): 43-64.

[133] HOGG M A, TERRY D J. Social identity and self-categorization

processes in organizational contexts [J]. The Academy of Management Review, 2000, 25 (1): 121-140.

[134] HOMAN A C, HOLLENBECK J R, HUMPHREY S E, et al. Facing differences with an open mind: Openness to experience, salience of intra-group differences, and performance of diverse groups [J]. Academy of Management Journal, 2008, 51 (6): 1204-1222.

[135] HOMAN A C, VAN K D, VAN K G A, et al. Bridging faultlines by valuing diversity the effects of diversity beliefs on information elaboration and performance in diverse work groups [J]. Journal of Applied Psychology, 2007, 92 (5): 1189-1199.

[136] HORWITZ A K, HORWITZ I B. The effect of team diversity on team outcomes: A meta-analytic review of team demography [J]. Journal of Management, 2007, 33: 987-1015.

[137] HUANG J, KISGEN D J. Gender and corporate finance: Are male executives overconfident relative to female executives? [J]. Social Science Electronic Publishing, 2013.

[138] HARRIS I C, SHIMIZU K. Too busy to serve? An examination of the influence of over boarded directors [J]. Journal of Management Studies, 2004, 41 (5): 775-798.

[139] ISENHOUR L C, VARMA A, PICHLER S, et al. Expatriate-local Interactions: An investigation in china [J]. Journal of Managerial Psychology, 2012, 27 (7): 753-768.

[140] ISLAM M R, HEWSTONE M. Dimensions of contact as predictors of intergroup anxiety, perceived out-group variability, and out-group attitude: An integrative model [J]. Personality and Social Psychology Bulletin, 1993, 19: 700-710.

[141] KATHRYN, OBENCHAIN, MADALINA, et al. Applying intergroup contact theory to social distance data from ethnic Hungarians and Romanians in Romania [J]. Journal of Contemporary European, 2016, 1-15.

[142] JACKSON S E, JOSHI A, ERHARDT N L. Recent research on team and organizational diversity: SWOT analysis and implications [J]. Journal of Management, 2003, 29 (6): 801-830.

[143] JEHN K A, BEZRUKOVA K. The faultline activation process and the effects of activated faultlines on coalition formation, conflict, and group

outcomes [J]. Organizational Behavior and Human Decision Processes, 2010, 112: 24-42.

[144] JENSEN M C, RUBACK R S. The market for corporate control: The scientific evidence [J]. Journal of Financial Economics, 1983, 11 (1): 5-50.

[145] JENSON M C, MECKING W H. Theory of the firm management behavior agency costs and ownership structure [J]. Journal of Financial Economics, 1976, (3): 306-360.

[146] JETTEN J, HASLAM A S, CRUWYS T, et al. Advancing the social identity approach to health and well-being: Progressing the social cure research agenda [J]. European Journal of Social Psychology, 2017.

[147] JIANG Y, JACKSON S E, SHAW J B, et al. The consequences of educational specialty and nationality faultlines for project teams [J]. Small Group Research, 2012, 43: 613-644.

[148] DOUKAS J A, PETMEZAS D. Acquisitions, overconfident managers and self-attribution bias [J]. European Financial Management, 2007, 13 (3): 531-577.

[149] JOSHI A, ROH H. The role of context in work team diversity research: A meta-analytic review [J]. Academy of Management Journal, 2009, 52 (3): 599-627.

[150] JOSHI A, LIAO H, ROH H. Bridging domains in workplace demography research: A review and reconceptualization [J]. Journal of Management, 2011, 37 (2): 521-552.

[151] KARIM S. Modularity in organizational structure: The reconfiguration of internally developed and acquired business units [J]. Strategic Management Journal, 2006, 27 (9): 799-823.

[152] KARUNAM C. industry product market competition and managerical incentives [J]. Journal of Accounting and Economics, 2007, 43 (2): 275-297.

[153] KASHYAP A K. What should regulators do about merger policy? [J]. Journal of Banking and Finance, 1999, 23 (2): 623-627.

[154] BEZRUKOVA K, JEHN K A, ZANUTTO E L, et al. Do workgroup faultlines help or hurt? A moderated model of faultlines, team identification, and group performance [J]. Organization Science, 2009, 20 (1): 35-50.

[155] KEARNEY E, GERBERT D, VOELPEL S. When and how diversity benefits teams the importance of team members' need for cognition [J]. Academy of Management Journal, 2009, 52: 581-598.

[156] KERR N L, TINDALE R S. Group performance and decision making [J]. Annual Review of Psychology, 2004, 55 (1): 623-655.

[157] KIM E H, SINGAL V. Mergers and market power: Evidence from the airline industry [J]. The American Economic Review, 1993, 83 (3): 549-569.

[158] KIM J Y, HALEBLIAN J, FINKELSTEIN S.When firms are desperate to grow via acquisition: The effect of growth patterns and acquisition experience on acquisition premiums [J]. Administrative Science Quarterly, 2011, 56 (1): 26-60.

[159] KIM K, MAULDIN E, PATRO S.Outside directors and board advising and monitoring performance [J]. Journal of Accounting and Economics, 2014, 57 (2): 110-131.

[160] KING D R, SLOTEGRAAF R J, KESNER I. Performance implications of firm resource interactions in the acquisition of R&D—intensive firms [J]. Organization Science, 2008, 19 (2): 327-340.

[161] KLEIN P G. Were the acquisitive conglomerates inefficient? [J]. Rand Journal of Economics, 2001, 32: 745-761.

[162] KUNZE F, BRUCH H. Age-based faultlines and perceived productive energy: The moderation of transformational leadership [J]. Small Group Research, 2010, 41 (5): 593-620.

[163] LAU D C, MURNIGHAN J K. Interactions within Groups and subgroups: The effects of demographic faultlines [J]. Academy of Management Journal, 2005, 48 (4): 645-659.

[164] LAU D C, MURNIGHAN J K. Demographic diversity and faultlines: The compositional dynamics of organizational groups [J]. Academy of Management Review, 1998, 23 (2): 325-340.

[165] LEE G, CHO S Y, ARTHURS J, et al. CEO pay inequity, CEO-TMT pay gap, and acquisition premiums [J]. Journal of Business Research, 2019, 98: 105-116.

[166] LEVI M, LI K, ZHANG F. Director Gender and mergers and acquisitions [J]. Social Science Electronic Publishing, 2014.

[167] JUAN L J, POPPO L, ZHOU K Z. Do managerial ties in china always

produce value? Competition, uncertainty, and domestic vs. foreign firms [J]. Strategic Management Journal, 2008, 29 (4): 383-400.

[168]　Li J T, HAMBRICK D C. Factional groups: A new vantage on demographic faultlines, conflict, and disintegration in work teams [J]. Academy of Management, 2005, 48: 794-813.

[169]　Li X, Zhang X. Information relationship identification method in group decision[C].Hangzhou: The 2nd International Conference on Information Science and Engineering, 2010: 284-287.

[170]　LIANG K Y, ZEGER S L. Longitudinal data analysis using generalized linear models [J]. Biometrika, 1986, 73: 13-22.

[171]　LIM Y K, BUSENITZ L W, CHIDAMBARAM L. Opportunities identified: Faultlines between subgroups of founders and investors.

[172]　GREER L, JEHN K A, THATCHER S M B, et al. The effect of trust on conflict and performance in groups split by demographic faultlines [J]. SSRN Electronic Journal, 2007.

[173]　GOMEZ-MEJIA L. Reframing executive compensation: An assessment and outlook [J]. Journal of Management, 1997, 23 (3): 291-374.

[174]　LUO Y. Industrial dynamics and managerial networking in an emerging market: The case of China [J]. Strategic Management Journal, 2003, 24 (3): 1315-1327.

[175]　MAKAEW T. Waves of international mergers and acquisition [R]. South carolina: AFA 2012 Chicago meetings paper, Univeristy of South Carolina-Moore School of Business, 2012.

[176]　MALHOTRA S, REUS T H, ZHU P, et al. The acquisitive nature of extraverted CEOs [J]. Administrative Science Quarterly, 2018, 63 (2) 370-408.

[177]　MALMENDIER U, TATE G. Who makes acquisitions? CEO overconfidence and the market's reaction [J]. Journal of Financial Economics, 2008, 89 (1): 20-43.

[178]　MATHIJS V P, LIESBETH B, ANN G. Beyond diversity a tale of faultlines and frictions in the board of directors [J]. Accountng Review, 2018, 93 (2): 339-367.

[179]　MCGUCKIN R H, NGUYEN S V. On productivity and plant ownership change: New evidence from the longitudinal research database [J]. Rand Journal of Economics, 1995, 26: 257-276.

[180] MENGGE L, CARLA D J. The effects of tmt faultlines and CEO-TMT power disparity on competitive behavior and firm performance [J]. Group Organization Management, 2019, 44 (5): 1-41.

[181] MESCHI P X, MÉTAIS E. Too big to learn: The effects of major acquisition failures on subsequent acquisition divestment [J]. British Journal of Management, 2015, 26: 408-423.

[182] MEYER B, GLENZ A. Team faultline measures: A computational comparison and a new approach to multiple subgroups [J]. Organizational Research Methods, 2013, 16: 393-424.

[183] MEYER K E, WRIGHT M, PRUTHI S. Managing knowledge in foreign entry strategies: A resource-based analysis [J]. Strategic Management Journal, 2009, 30 (5): 557-574.

[184] MICHAEL A, HOGG J R, ADELMAN. Religion in the face of uncertainty: An uncertainty-identity theory account of religiousness [J]. Personality and Social Psychology Review, 2010, 14 (1): 72-83.

[185] MICHAEL A, HOGG J, TURNER C. Intergroup behavior, self-stereotyping and the salience of social categories [J]. British Journal of Social Psychology, 1987, 26 (4): 325-340.

[186] MICHEL J G, HAMBRICK D C. Diversification posture and top management team characteristics [J]. Academy of Management Journal, 1992, 35 (1): 9-37.

[187] MILLER T, TRIANA M D C. Demographic diversity in the boardroom: Mediators of the board diversity-firm performance relationship [J]. Journal of Management Studies, 2009, 46 (5): 755-786.

[188] ANTINO M, RICO R, THATCHER S. Structuring reality through the faultlines lens: The effects of structure, fairness, and status conflict on the activated faultlines-performance relationship [J]. Academy of Management Journal, 2019, 62 (5): 1444-1470.

[189] MOELLER S B, SCHLINGEMANN F P, STULZ R M. Wealth destruction on a massive scale? A study of acquiring firm returns in the recent merger wave [J]. Journal of Finance, 2005, 60 (2): 757-782.

[190] MORCK R, SHLEIFER A, VISHNY R W. Do managerial objectives drive bad acquisitions? [J]. The Journal of Finance, 1990, 45 (1): 31-48.

[191] NASON R S, WIKLUND J. An assessment of resource-based theorizing on firm growth and suggestions for the future [J]. Journal of Management,

2018, 44（1）: 32-60.

[192]　NDOFOR H A, SIRMON D G, HE X. Utilizing the firm's resources: How TMT heterogeneity and resulting faultlines affect TMT tasks [J]. Strategic Management Journal, 2015, 36: 1656-1674.

[193]　NEMETH C J, GONCALO J A. Influence and persuasion in small groups [J]. Institute for Research on Labor & Employment Working Paper, 2004, 23（2）: 294-303.

[194]　NESDALE D, MAK A S. Ethnic identification, self-esteem, and immigrant psychological health [J]. International Journal of Intercultural Relations, 2003, 27: 23-40.

[195]　NGUYEN N Q. On the compensation and activity of corporate boards [J]. Journal of Corporate Finance, 2014, 29: 1-19.

[196]　NIELSEN B B, NIELSEN S. Top management team nationality diversity and firm performance: A multilevel study [J]. Strategic Management Journal, 2013, 34（3）: 373-382.

[197]　NISHII L H, GONCALO J. Demographic faultlines and creativity in diverse groups [J]. Research on Managing Groups & Teams, 2008, 11（8）: 1-26.

[198]　O'LEARY M B, MORTENSEN M. Go (con) figure: Subgroups, imbalance, and isolates in geographically dispersed teams [J]. Organization Science, 2010, 21: 115-131.

[199]　O'REILLY C, SNYDER A, BOOTHE R C. Executive team demography and organizational change, in organizational change and redesign: Ideas and insights for improving performance [M]. New York: Oxford University Press, 1993.

[200]　O'REILLY C A, WILLIAMS K. Demography and diversity in organizations: A review of 40 years of research [J]. Research in Organizational Behavior, 1997, 20（1）: 77-140.

[201]　Faleye O. CEO directors, executive incentives, and corporate strategic initiatives [J]. Journal of Financial Research, 2011, 34（2）: 241-277.

[202]　RICHARD O C, WU J, MARKOCZY L A. Top management team demographic-faultline strength and strategic change: What role does environment dynamism play [J]. Strategy Management Journal, 2019, 40: 987-1009.

[203]　ORTIZ M, HARWOOD J. A social cognitive theory approach to the

effects of mediated intergroup contact on intergroup attitudes ［J］.
Journal of Broadcasting & Electronic Media, 2007, 51 (4): 615-631.

[204] PAPADAKIS V M, THANOS I. Measuring the performance of
acquisitions: An empirical investigation using multiple criteria ［J］.
British Journal of Management, 2010, 21 (4): 859-873.

[205] PARK S H, CHEN R, GALLAGHER S.Firm resources as moderators of
the relationship between market growth and strategic alliances in
semiconductor start-ups ［J］. Academy of Management Journal,
2002, 45: 527-550.

[206] PARK S H, ZHOU D.Firm heterogeneity and competitive dynamics in
alliance formation ［J］. Academy of Management Review, 2005, 30:
531-554.

[207] PEARSALL M J, ELLIS A P, EVANS J M.Unlocking the effects of
gender faultlines on team creativity: Is activation the key? ［J］. Journal
of Applied Psychology, 2008, 93 (1): 225-234.

[208] PELLED L H, EISENHARDT K M, XIN K R.Exploring the black box: An
analysis of work group diversity, conflict, and performance ［J］.
Administrative Science Quarterly, 1999, 44: 1-28.

[209] PETTIGREW T F, TROPP L. R. How does intergroup contact reduce
prejudice? Meta-analytic tests of three mediators ［J］. European
Journal of Social Psychology, 2008, 38: 922-934.

[210] PETTIGREW T F, TROPP L R. A meta-analytic test of intergroup
contact theory ［J］. Journal of Personality and Social Psychology,
2006, 90: 751-783.

[211] PETTIGREW T F. Intergroup contact theory ［J］. Annual Review of
Psychology, 1998, 49: 65-85.

[212] PHILLIPS K W, MANNIX E A, NEALE M A. Diverse groups and
information sharing: The effects of congruent ties ［J］. Journal of
Experimental Social Psychology, 2004, 40: 497-510.

[213] Polzer J T, Crisp C B. Extending the faultline model to geographically
dispersed teams: How collocated subgroups can impair group functioning
［J］. Academy of Management Journal, 2006, 49: 679-692.

[214] Prager R A. The effects of horizontal mergers on competition: The case
of the northern securities company ［J］. The RAND Journal of
Economics, 1992, 23 (1): 123-133.

[215] PRICE K H, SHUMATE K M, ROWE N A, et al. The complementary effects of relational dissimilarity and group faultlines: A multi-level analysis of diversity [C]. Briarcliff Manor: Academy of Management, 2007.

[216] PURANAM P, SRIKANTH K. What they know vs. what they do: How acquirers leverage technology acquisitions [J]. Strategic Management Journal, 2007, 28 (8): 805-825.

[217] Qu X Q, Liu X M. Informational faultlines, integrative capability, and team creativity [J]. Group & Organization Management, 2017, 42 (6): 767-779.

[218] Rabier M R. Acquisition motives and the distribution of acquisition performance [J]. Strategic Management Journal, 2017, 38 (13): 2666-2681.

[219] RAGINS B R, GONZALEZ J A, EHRHARDT K. Crossing the threshold: The spillover of community racial diversity and diversity climate to the workplace [J]. Personnel Psychology, 2012, 65 (4): 755-787.

[220] RAU P R, VERMAELEN T. Glamour, value and the post-acquisition performance of acquiring firms [J]. Journal of Financial Economics, 1998, 49 (2): 223-253.

[221] RICO R, MOLLEMAN E, SÁNCHEZ-MANZANARES M, et al. The effects of diversity faultlines and team task autonomy on decision quality and social integration [J]. Journal of Management, 2007, 33: 111-132.

[222] RICO R, SÁNCHEZ-MANZANARES M, ANTINO M, et al. Bridging team faultlines by combining task role assignment and goal structure strategies [J]. Journal of Applied Psychology, 2012, 97: 407-420.

[223] RICO R, SÁNCHEZ-MANZANARES M, GIBSON G C. Team implicit coordination processes: A team knowledge-based approach [J]. The Academy of Management Review, 2008, 33 (1): 163-184.

[224] Robert B J. Comment letters: The definition of independent directors under the listing rules of the stock exchanges [J]. SSRN Electronic Journal, 2012.

[225] ROLL R.The hubris hypothesis of corporate takeovers [J]. Journal of Business, 1986, 59 (59): 197-216.

[226] MASULIS R W, CONG W, XIE F.Corporate governance and acquirer returns [J]. Journal of Finance, 2007, 62 (4): 1851-1889.

[227] Rose C. Does female board representation influence firm performance? The Danish evidence [J]. Corporate Governance: An International Review, 2007, 15 (2): 404-413.

[228] RUPERT J, BLOMME R J, DRAGT M J. Being different, but close: How and when faultlines enhance team learning [J]. European Management Review, 2016, 13 (4): 275-290.

[229] OWEN S. Switching model for UK acquisition level [J]. University of New Souath Wales, 2004.

[230] CHANG S. Takeovers of privately held targets, methods of payment, and bidders returns [J]. The Journal of Finance, 1998, 53: 73-84.

[231] SAWYER J E, HOULETTE M A, YEAGLEY E L. Decision performance and diversity structure: Comparing faultlines in convergent, crosscut, and racially homogeneous groups [J]. Organizational Behavior and Human Decision Processes, 2006, 99 (1): 1-15.

[232] SCHIPPERS M C, DEN HARTOG D N, KOOPMAN P L, et al. Diversity and team outcomes the moderating effects of outcome interdependence and group longevity and the mediating effect of reflexivity [J]. Journal of Organizational Behavior, 2003, 24 (6): 779-802.

[233] SCHONLAU R, SINGH P V. Board networks and merger performance [J]. Social Science Electronic Publishing, 2009.

[234] SCOTT B, STEGEMOLLER M. Protective governance choices and the value of acquisition activity [J]. Journal of Corporate Finance, 2008, 14 (5): 550-566.

[235] SEO J, GAMACHE D L, DEVERS C E, et al. The role of CEO relative standing in acquisition behavior and CEO pays [J]. Strategic Management Journal, 2015, 36 (12): 1877-1894.

[236] SHAW J B. The development and analysis of a measure of group faultlines [J]. Organizational Research Methods, 2004, 7: 66-100.

[237] SHEFRIN H. Behavioral corporate finance: Decisions that create value [M]. New York: McGraw-Hill International Edition, 2007.

[238] THATCHER S M B, JEHN K A, ZANUTTO E. Cracks in diversity research: The effects of diversity faultlines on conflict and performance [J]. Group Decision and Negotiation, 2003, 12 (3): 217-241.

[239] SHI W, ZHANG Y, HOSKISSON R E. Ripple effects of CEO awards investigating the acquisition activities of superstar CEOs' competitors

[J]. Strategic Management Journal, 2017, 38 (10): 2080-2102.

[240] SHLEIFER A, VISHNY R W. Stock market driven acquisitions [J]. Journal of Financial Economics, 2003, 70: 295-311.

[241] SLUSKY A R, CAVES R E. Synergy, agency, and determinants of premia paid in mergers [J]. Journal of Industrial Economics, 1991, 39 (3): 277-296.

[242] KARAGIANNIDIS S. Mergers and acquisition in Australia: Reasons and timing [D]. Melbourne: Victoria University, 2010.

[243] STAHL G K, VOIGT A. Do cultural differences matter in mergers and acquisitions? A tentative model and examination [J]. Organization Science, 2008, 19: 160-176.

[244] STASSER G. A primer of social decision scheme theory: Models of group influence, competitive model-testing, and prospective modeling [J]. Organizational Behavior and Human Decision Processes, 1999, 80 (1): 3-20.

[245] STEINBACH A L, HOLCOMB T R, HOLMES R M, et al. Top management team incentive heterogeneity, strategic investment behavior, and performance: A contingency theory of incentive alignment [J]. Strategic Management Journal, 2017, 38: 1702-1720.

[246] STEPHAN W G, STEPHAN C W. Intergroup anxiety [J]. Journal of Social Issues, 1985, 41: 157-175.

[247] STEWART S A, AMASON A C. Assessing the state of top management teams research [J]. Oxford Research Encyclopedia of Business and Management, 2017.

[248] STULZ R. Managerial control of voting rights-financing policies and the market for corporate control [J]. Journal of Financial Economics, 1988, 20 (1): 25-54.

[249] SUTCLIFFE K M, ZAHEER A. Uncertainty in the transaction environment: An empirical test [J]. Strategic Management Journal, 1998, 19 (1): 1-23.

[250] KACZMAREK S, KIMINO S, PYE A. Board task-related faultlines and firm performance: A decade of evidence [J]. Corporate Governance an International Review, 2012, 20 (4): 337-351.

[251] TAJFEL H, BILLING M G. Social categorization and intergroup behavior [J]. European Journal of Social Psychology, 1971, 1 (2): 149-178.

[252] TAJFEL H, TURNER J C. An integrative theory of intergroup conflict [J]. Worchel the Social Psychology of Intergroup Relations, 1979, 33: 94-109.

[253] TAJFEL H, TURNER J C. The social identity theory of intergroup behavior [M] //Worchel S.Psychology of intergroup relations. Chicago: Nelson-Hall Publishers. 1986.

[254] THATCHER S M B, PATEL P C. Group faultlines: A review, integration, and guide to future research [J]. Journal of Management, 2012, 38 (9): 69-109.

[255] HUTZSCHENREUTER T, HORSTKOTTE J. Performance effects of top management team demographic faultlines in the process of product diversification [J]. Strategic Management Journal, 2013, 34: 704-726.

[256] TREDOUX C, FINCHILESCU G. Mediators of the contact – prejudice relation among south african students on four university campuses [J]. Journal of Social Issues, 2010, 66: 289-308.

[257] TREZZINI B. Probing the group faultline concept: An evaluation of measures of patterned multi-dimensional group diversity [J]. Quality & Quantity, 2008, 42: 339-368.

[258] Tsai K H, Hsu T T. Linking cross-functional collaboration, innovation performance, and competitive intensity [J]. Asian Journal of Technology Innovation, 2012, 20 (1): 113-126.

[259] TURNER J C. Social categotization and the self-concept: A social cognitive theory of group [J]. Advances in Group Processes, 1985, 2: 77-121.

[260] TURNER R N, HEWSTONE M, VOCI A, et al. A test of the extended intergroup contact hypothesis: The role of intergroup anxiety, perceived ingroup and outgroup norms, and inclusion of the outgroup in the self [J]. Journal of Personality and Social Psychology, 2008, 95: 843-860.

[261] UDDIN M. A Boateng Explaining the trends in the UK cross-border mergers & acquisitions of macro-economic factors [J]. International Business Review, 2011, 20 (5): 547-556.

[262] UHLENBRUCK K, HITT M A, SEMADENI M. Market value effects of acquisitions involving internet firms: A resource based analysis [J]. Strategic Management Journal, 2006, 27 (10): 899-913.

[263] VAFEAS N. Length of Board board tenure and outside director independence [J]. Journal of Business Finance and Accounting, 2003, 30 (7-8): 1043-1064.

[264] VAFEAS N. Audit committees, boards, and the quality of reported earnings [J]. Contemporary Accounting Research, 2005, 22 (4): 1093-1122.

[265] VAN KNIPPENBERG D, DAWSON J F, WEST M A, et al. Diversity faultlines, shared objectives, and top management team performance [J]. Human Relations, 2011, 64 (3): 307-336.

[266] VAN KNIPPENBERG D, DE DREU C K, HOMAN A C. Work group diversity and group performance: An integrative model and research agenda [J]. Journal of Applied Psychology, 2004, 89: 1008-1023.

[267] VERMUE M, SEGER C R, SANFEY A G. Group-based biases influence learning about individual trust worthiness [J]. Journal of Experimental Social Psychology, 2018, 77: 36-49.

[268] WALID B, PAUL A. Separation of ownership form control and acquiring firm performance: The case of family ownership in Canada [J]. Journal of Business Finance Accounting, 2006, 33 (3-4): 517-543.

[269] WALT N V D, INGLEY C. Board dynamics and the influence of professional backgroud, gender and ethnic diversity of directors [J]. Corporate Governance: An Internatioanal Review, 2003, 11 (3): 218-234.

[270] WANG L H, ZAJAC E J.Alliance or acquisition? A dyadic perspective on interfirm resource combinations [J]. Strategic Management Journal, 2007, 28 (13): 1291-1317.

[271] WESTON P. On the welfare effects of mergers: Short run vs. long run [J]. The Quarterly Review of Economics and Finance, 2009, (1): 1-24.

[272] WIERSEMA M F, BANTEL K A. Top management team demography and corporate strategic change [J]. Academy of Management Journal, 1992, 35 (1): 91-121.

[273] WILLIAMSON O E. The economic institutions of capitalism [M]. Beijing:China Social Sciences Publishing House, 1999.

[274] WILSON J M, O'LEARY M B, METIU A, et al. Perceived proximity in virtual work explaining the paradox of far-but-close [J]. Organization

Studies, 2008, 29 (7): 979-1002.

[275] DEUTSCH Y, KEIL T, LAAMANEN T. Decision Making in Acquisitions: The Effect of Outside Directors' Compensation on Acquisition Patterns [J]. Journal of Management, 2007, 33 (1): 30-57.

[276] ZAJAC E J, GOLDEN B R, SHORTELL S M. New organizational forms for enhancing innovation: The case of internal corporate joint ventures [J]. Management Science, 1991, 37 (2): 170-184.

[277] ZANUTTO E, BEZRUKOVA K, JEHN K A. Revisiting faultline conceptualization: Measuring faultline strength and distance [J]. Quality & Quantity, 2011, 3: 701-714.

[278] ZHANG T, SABHERWAL S, JAYARAMAN N, et al. The young and the restless: An international study of CEO age and acquisitions [J]. Journal of Business Finance & Accounting, 2016, 43 (9-10): 1385-1419.

[279] ZHOU K Z, YIM C K, TSE D K. The effects of strategic orientations on technology-and market-based breakthrough innovations [J]. Journal of Marketing, 2005, 69 (4): 42-60.

索引

分类-加工理论—6-14，39，40，48，51，54，55，87，92-94，121，
126，174，176，177，181

关系型群体断裂带—5-13，19，21，22，35，46-48，51，52，54，
56-61，63-65，67，72-74，79，80，87，88，90-94，96，97，
99，101，102，104，106，109，110，115，116，121，123-126，
128，129，131，132，134，135，137，139，143，144，149-151，
160，165，174-181

群际接触理论—6-8，11-14，43，44，48，49，53-55，87，92，121，
124，174，177，179，180

群际偏见—9，13，14，41-44，46-49，51-54，56，57，87，88，
90-92，94，121，123-126，174，177-181

群体断裂带—4-26，35，45-61，63-69，71-77，79-81，83-85，87-97，
99-107，109-113，115-117，119，121-129，131-137，139-141，
143-147，149-153，155-157，159-163，165-167，169-171，
173-181

任务型群体断裂带—5-10，12，13，19，21，22，24，25，35，46-48，
51-55，57，59-61，63-65，67，72-74，79，80，87，88，91-97，

99，101，102，104，106，109，110，115，116，121，123-126，128，129，132，134，135，137，139，143，144，149-151，160，165，174-179，181
社会认同理论—6-12，22，35，37-39，50，176